Peter Studer   Es begann in Basel

D1664894

Peter Studer

Es begann in Basel

Kriminalroman

Buchverlag Basler Zeitung

Am frühen Abend eines lauen Spätfrühlingstages flog ein satter Rabe vom Tüllinger Hügel her über die Riehener Dorfkirche zum Wenkenköpfli hin. Sein Ziel war eine alte, knorrige Eiche, welche ihm oft als Nachtquartier diente.

«Wuäh, wuäh» und nach einem gewissen Zeitabstand wiederum: «Wuäh, wuäh», liess er seine krächzende Stimme vernehmen, als er den Wenkenhof überflog. Was wohl hatte die Aufmerksamkeit des so intelligenten Vogels erregt?

Der scharfe Beobachter musste in seinem gewohnten Fluge festgestellt haben, dass ein nahe gelegenes, nur sporadisch bewohntes, grandioses Weekendhaus heute eben wieder einmal belebt war!

Und richtig, das Esszimmer dieses Wochenendhauses wurde gerade vom Hausherrn inspiziert. Einen letzten prüfenden Blick warf dieser auf die prächtig gedeckte Tafel. Dann schritt der stattliche Mann mit sichtlichem Wohlbehagen zu einem der Ohrenfauteuils am Clubtisch und fing mit grosser Fachkenntnis an, sich eine Pfeife zu stopfen. Nach beendeter Zeremonie zündete er sie an, lehnte sich behaglich in seinem Sessel zurück und genoss es, die in immer neuen Formen entschwindenden Rauchschwaden zu betrachten. Ein flüchtiger Blick auf seine exklusive goldene Armbanduhr zeigte ihm, dass es bald sieben Uhr abends war und er jeden Augenblick mit dem Eintreffen seiner Gäste rechnen musste.

In das irgendwie beruhigende und Behagen erregende Knistern des Kaminfeuers mischte sich alsbald auch ein leises, mehrfaches Motorengeräusch, welches das Herannahen einer Wagenkolonne ankündigte.

Der gemütliche Raucher erhob sich gemächlich, betrachtete sich kurz in einem feingearbeiteten Louis-XV.-Wandspiegel. Mit gekonnter Eleganz fuhr er sich mit dem zierlichen Taschenkamm so lange durch die leicht gewellten noch immer fast schwarzen Haare, bis, wie seine Miene verriet, er mit seinem Bildnis zufrieden war.

Fast lautlos öffnete sich die schwere, mit reichen Schnitzereien verzierte Eichentür und ein fast zu galanter Diener meldete: «Herr Doktor, die Herrschaften kommen.» – «Danke Rafa», bemerkte Herr Dr. Nafzger, denn so hiess der gemütlich rauchende Hausherr und fügte noch bei: «Ich werde die Damen und Herren selbst in Empfang nehmen!» – Behende erhob er sich und steuerte mit leichten Schritten durch die schwere Eichentüre in die unmittelbar daran anschliessende Empfangshalle.

Fröhliches Stimmengewirr übertönte die Schritte der sich auf dem Gartenwege nähernden Gesellschaft. In vier Taxis waren die elf Personen miteinander angefahren. Der ungezwungene, herzliche Ton der allgemeinen Unterhaltung der Angekommenen zeigte sofort, dass sie sich alle sehr gut kannten. Kein Wunder, denn sie waren alle ehemalige Klassenkameraden aus einer Basler Privatschule in der St. Albanvorstadt und feierten wieder einmal ihre alljährliche Klassenzusammenkunft. Und diesesmal sogar ein Jubiläum, denn es war ihre 25. seit ihrer Schulentlassung. Zu diesem Anlass hatte sie Hans Nafzger in sein wunderschön gelegenes Weekendhaus eingeladen.

Für die meisten von ihnen war es das erstemal, dass sie als Gäste in dieses Weekendhaus kommen durften, denn ihr alter Schulkamerad, Hans Nafzger, ein sehr erfolgreicher Grossindustrieller, führte ein sehr zurückgezogenes Privatleben. Sein exklusives Weekendhaus stand sonst nur einem kleinen Kreis seiner Freunde und Vertrauten offen.

Mit einem frischen: «Hallo, das ist aber fein, Euch alle wieder einmal zu sehen. Seid alle recht herzlich willkommen», empfing der Hausherr seine ehemaligen Schulkameradinnen und -kameraden. Dann reichte er der Reihe nach zur persönlichen Begrüssung den einzelnen die Hand, wobei er mit jedem, eingedenk alter Erinnerungen, ein paar vertraute Worte tauschte, während Rafa, genau Rafaelo Satriano, der Diener und Hans Kohler und Luigi Petrillo, die beiden Kellner, den Damen und Herren aus den Sommermänteln halfen und diese in dem an die Empfangshalle angrenzenden Garderobenraum wohlgeordnet an die zierlichen Brokatkleiderbügel hängten.

Hans Nafzger bat seine Gäste nun in dem Salon um einen riesigen, schweren Clubtisch, der aus einem alten Mississippi-Dampfer-Steuerrad und einer darüberliegenden massiven runden Glasplatte angefertigt war, in den bequemen Fauteuils ganz nach Belieben Platz zu nehmen.

Die dem frohen Abend voller Erwartung entgegensehende Gesellschaft setzte sich ohne lange Zиererei, denn alle 12 Plätze waren ja gleichwertig. Die paar bevorzugten Spezis gruppierten sich ganz von selbst. Im Uhrzeigersinn neben Hans Nafzger sassen: Elisabeth Maeder, eine ausnehmend gepflegte anfangs 40erin, die Frau eines Konditorei-Inhabers. Die im Gundeldingerquartier gelegene Bäckerei und Konditorei Maeder war wegen ihrer Spezialitäten weitherum bekannt und galt als wahre Goldgrube. Neben ihr Kurt Wyss, ein erfolgreicher Rechtsanwalt und Lebenskünstler, der schon in der Schulzeit den Spitznamen Odysseus trug, weil er dank seiner Leichtigkeit und absoluten Überlegenheit alle Unannehmlichkeiten irgendwie spielend zu überwinden verstand. Als nächste kamen Susanne Heiniger und Max Gygax, beide schon seit ihrer Jugend gut befreundet. Obwohl die Aussenstehenden seit Jahren an eine Hochzeit dieses – wie es schien – so gut zu einander passenden Paares glaubten, schienen beide mehr denn je überzeugt zu sein, als gute Freunde ihr Junggesellenleben zu bewahren. Mochte die Umgebung auch reden, was sie wollte, die beiden schienen sich fast selbst zu genügen. Beinahe alle ihre Interessen liefen parallel. So waren sie beide leidenschaftliche Wanderer und im Winter dazu noch Skiläufer. Ebenso teilten sie die selben Lieblingsmaler, Schriftsteller, Komponisten und Musiker. Also ein kurzweg ideales Paar, wie es in einer Ehe höchst selten vorkommt. Dann folgten Emmy Scherrer, die Gattin eines Landarztes mit fünf Kindern. Sie trug ein zart rosa, nach der neuesten Mode gefertigtes Deuxpièces. Der sich zu ihrer Linken anreihende Partner war Gottlieb Amsler. Er war der beste und zugleich langjährigste Freund von Hans Nafzger. Er war auch der einzige der hier regelmässig zu Besuch weilte. Hans und Gottlieb waren wirklich in des Wortes bestem Sinne Freunde. So wie man es heutzutage nur noch selten antrifft und wie es nur unter Männern möglich ist. – Gottlieb Amsler war ein Bauer, und zwar noch einer von denen, die naturverbunden, sich an Kleinigkeiten freuen konnten und in ihrem Denken noch weitgehend unabhängig waren. Er hatte an der Universität Chemie studiert, war anschliessend als Postdoktor in den USA gewesen und hatte auch ein paar Jahre in der Forschungsabteilung eines Chemiekonzerns gearbeitet. Bis er dann vor etwa vier Jahren den väterlichen Bauernhof übernahm. Etwas, was niemand ihm zugemutet hätte, ausser eben Hans Nafzger, der den unbändigen Unabhängigkeitswillen seines Freundes kannte und wusste, wie dieser mit seiner offenen grundehrlichen Lebenseinstellung unter den Intrigen des Wirtschaftslebens litt.

Gottlieb Amsler war noch einer von denen, die überzeugt sind, dass eine Diskussion um der Sache willen mit ehrlichen Argumenten geführt werden müsse. Er war zu tiefst überzeugt, dass jedermann guten Glaubens seine Ansicht vertreten konnte, ja musste und, dass dann auf Grund der geordneten und gegenseitig abgewogenen Meinungen die beste oder mindestens eine sachlich klar vertretbare Lösung gefunden werden musste. Alles andere, d.h. vor allem Scheinargumente, die aber nach seiner Meinung aus lächerlichem, veraltetem Prestigedenken zu einer schlechten, einfach diktierten Lösung führten, erfüllte ihn mit tiefem Missbehagen. Da er sich solchen Entscheiden nicht beugen konnte und immer gegen alle vorsichtige Klugheit seine Überzeugung bei jeder Gelegenheit vertrat, kam er bald in den Ruf, ein rechthaberischer Nörgeler zu sein, obwohl er dies objektiv gesehen eigentlich gar nicht war. Er hatte neben seiner allgemein anerkannten Tüchtigkeit vor allem den unverzeihlichen Fehler, dass er in klar erkannten Angelegenheiten hartnäckig bei seiner Überzeugung blieb. Diese Eigenschaft vor allem war es, welche Hans Nafzger an ihm so schätzte. Er liebte es, mit Gottlieb oft und lange zu diskutieren, denn er wusste, dass dieser immer gerne bereit war, seine Ansicht zu revidieren, wenn man ihn mit Gegenargumenten überzeugen konnte. Hans Nafzger hatte seinen Freund auch deshalb in den Verwaltungsrat seiner Firma aufgenommen. Damit hatte er es Gottlieb auch ermöglicht, den väterlichen Hof zu übernehmen, ohne sich finanziellen Sorgen gegenüber zu sehen.

Als nächste reihten sich dann Alex Schaffner und Hermann Brogli, zwei richtige Festbrüder, an die frohe Tafelrunde. Annarosa Schell, eine nicht gerade talentierte, dafür aber noch immer sehr hübsche Schauspielerin, Jan Petersen, ein Kunstmaler und Jeannin Wild, die Frau eines Bijouterieinhabers schlossen den Kreis der Zwölfertafel.

Rafaelo Satriano offerierte ausgesuchte Zigarren. Verschiedene Zigarettenpackungen und sechs kristallne Aschenbecher standen schon fein geordnet auf dem originellen Clubtisch. Die beiden Kellner boten Apéritifs an mit Nüsschen, Oliven und diversem Salzgebäck und verschiedenen Snacks. Die Tafelrunde bot ein herrliches Bild harmonischer Freude. Es wurde herzhaft gelacht, diskutiert, einander zugeprostet und ein wenig an den Appetizers genascht. Die ausgezeichnete Stimmung schien immer noch besser zu werden. Man hätte kaum glauben können, dass es für die meisten schon ein Jahr her war, seit sie sich das letztemal gesehen hatten.

Nach geraumer Zeit schlug Hans Nafzger vor, sich vor dem Essen doch noch ein wenig im Garten bei ein paar fröhlichen Spielen oder kleinen Rundgängen umzutun. Allgemein wurde dieser Vorschlag begrüsst, denn einerseits wollte man sich gerne noch ein wenig Bewegung in der kühlen Abendluft verschaffen, andererseits wollten diejenigen, welche Hans Nafzgers Weekendhaus nicht kannten, gerne noch ein wenig auf Erkundigung ausgehen.

Einem Walle gleich schirmten die dichten Gebüsche und Zierbäume längs des Gartenzaunes die fröhliche Gesellschaft vor fremden Blicken ab. Eine Plastik von Jan Petersen erregte allgemeine Aufmerksamkeit, obwohl eigentlich niemand recht wusste, was dieses Kunstwerk versinnbildlichen sollte. Doch schien es irgendwie harmonisch in die Umgebung zu passen. Eine tadellose Bocciabahn, zwei Badmintonfelder, ein Basketballspielplatz, eine gedeckte Tischtennisspielgelegenheit, eine Bogenschiessanlage mit automatischen Scheiben und ein heizbares Schwimmbad vervollständigten die Erholungssportmöglichkeiten.

Hans Nafzger genoss es sichtlich, wie seine Gäste alle diese Einrichtungen bewunderten. Die im Rasen eingelassene Sprinkleranlage, die raffinierte Gartenbeleuchtung, die Infrarotheizung auf den gemütlichen Aussensitzplätzen mit Faltwänden deuteten auf den letzten Luxus hin.

Mittlerweile hatte Hans Kohler begonnen, am Kaminfeuer zwölf Riesensteaks von der Grossmetzgerei Bell zu braten und zu grillieren. Er tat dies mit aller Liebe und Feierlichkeit des von seiner Tüchtigkeit überzeugten Kochs. Mit aller Sorgfalt übergoss er von Zeit zu Zeit die Steaks mit der von ihm als Geheimrezept präparierten Bratsauce. Noch alle, die davon kosten durften, haben seine einmalig gewürzten Steaks gelobt und in bester Erinnerung behalten. – Wie wohl dies Hans Kohler tat, kann nur eine Hausfrau ermessen, die erfahren darf, wie köstlich ein Festessen ihren Lieben mundet, wenn

Vater und Kinder voller Stolz ihre Kochkünste preisen und ihr sagen, dass man es eben spürt, wenn etwas mit Liebe gekocht ist.

Mit ein paar Gongschlägen kündete Rafaelo Satriano den Besuchern im Garten an, dass es nun Zeit zum Essen wäre. Die Gäste leisteten dieser Aufforderung gerne Folge. Eine angefangene Partie Boccia wurde unentschieden abgebrochen, was beiden Teams auch recht war, gab es doch weder Sieger noch Besiegte.

Der herrliche Duft der über offener Glut gebratenen Steaks empfing die Eintretenden und trieb jedem das Wasser im Munde zusammen. Hans Nafzger hatte auf eine Tischordnung bewusst verzichtet. Somit ergab es sich, dass ihm zur Linken Jan Petersen und rechts Annarosa Schell zu sitzen kamen. Hermann Brogli schloss unmittelbar daneben diese Seite der beidseits mit je sechs Gedecken belegten, rechteckigen Tafel ab. Neben Jan Petersen sassen Jeannine Wild und ganz aussen Gottlieb Amsler.

Auf der Gegenseite sassen in der folgenden Reihenfolge: Als Vis à vis von Hermann Brogli Alex Schaffner, dann folgten Emmi Scherrer, Elisabeth Maeder, Max Gygax, Susanne Heiniger und schliesslich Kurt Wyss.

Luigi und Rafaelo servierten die Consommé und legten fast mit zauberkünstlerischer Geschicklichkeit mit der Brotzange die ofenfrischen Brötchen in die bereitgestellten Tellerchen. Dann wünschte man sich gegenseitig recht ungezwungen: «E Guete» und begann die feine heisse Consommé zu kosten. Hans Nafzger machte noch ein paar Scherze mit Hans Kohler, ob er die Steaks auch fachmännisch mariniert habe usw.

Eine leise Unterhaltung in kleinen Gruppen begleitete das Einnehmen der Suppe. Rafaelo und Luigi sorgten, dass entweder nachserviert wurde oder entfernten die Consommé-Gedecke ganz unauffällig. Einen solchen Service war man heutzutage im Zeitalter des Arbeitskräftemangels auch in den erstklassigsten Restaurants nicht mehr gewöhnt. Der eine oder andere mag wohl mit Wehmut an die Zeiten zurückgedacht haben, wo auch in den öffentlichen Gaststätten der Gast noch etwas galt. Aber eben, heutzutage ist dieser Service, abgesehen von Luxusrestaurants in den sogenannten Entwicklungsländern, in der hochindustrialisierten Gesellschaft nicht mehr möglich. Vielleicht ist dies auch nicht mehr nötig, denn die heutige Jugend hat auch hier ihre eigenen Wertmassstäbe gesetzt.

Hans Nafzger kannte die Liebhabereien seiner Freunde aufs beste. Er liess die Steaks saignant und medium rare, für Gottlieb Amsler ein à point von Luigi und Rafaelo servieren. Die meisten anerkannten diese unauffällige Aufmerksamkeit gebührend. «Wieso kennst Du von einem jeden von uns so genau seinen Geschmack?» wollten ihre Blicke wohl ausdrükken. Aber Hans Nafzger liess sich absolut nicht anmerken, dass er dieses unausgesprochene Kompliment heimlich sehr schätzte. Er verfügte über ein ausgezeichnetes Gedächtnis und konnte sich immer wieder alles, was er wollte, in Erinnerung rufen. Er wusste selbst am besten, dass es diese Gabe war, welche ihn so einen erfolgreichen Unternehmer werden liess. Mit seinem Freunde, Gottlieb Amsler, hatte er schon öfters diskutiert, dass für einen normal begabten Menschen praktisch immer nur das Gedächtnis der limitierende Faktor in Bezug auf seinen sozialen Aufstieg war. Denn nicht viele Gelegenheiten den Verstand bis ins Letzte aufzubrauchen, waren ihm im Leben begegnet und auch Gottlieb Amsler nicht. Ob die Mathematik in dieser Hinsicht eine Ausnahme bildete, wussten sie beide nicht, da sie von der wirklich höheren Mathematik zu wenig verstanden.

Trotzdem waren sie als Basler nicht minder stolz auf die einstigen, weltberühmten Mathematiker ihrer Vaterstadt, von denen heute noch das Bernoullianum und die Eulerstrasse ein beredtes Zeugnis geben. Allerdings hatte auch der grosse Leonhard Euler ein noch bis ins hohe Alter geradezu phantastisches Gedächtnis besessen.

Die Steaks mundeten grossartig. Sie wurden mit Sweetcorn und fein zerkleinerten Paprikaschoten, gebratenen Zwiebeln, grünen Oliven, einer Art Bohnen und gemischtem Salat serviert. Hans Nafzger liess einen Château-Neuf du Pape 1961 als Rotwein servieren. Das Klirren von Messern und Gabeln ging in der freudigen Tischunterhaltung aus den schönen, längst verflossenen Zeiten fast ganz unter. Plötzlich fuhr Jan Petersen auf: «Was hast Du, Hans, ist Dir nicht gut?» – Hans Nafzger hatte einen ganz roten Kopf, Schweissausbruch und schmerzerfüllte Züge und stammelte: «Ich... ich wwwwee...»

dann fiel er nach Atem ringend röchelnd vornüber auf seinen Teller. Dabei stiess er das Rotweinglas um.

Gottlieb Amsler war als erster vom Tische aufgesprungen und herbeigeeilt, aber sein Freund zeigte bereits kein Lebenszeichen mehr. – «Rafa, bitte telefonieren Sie Herrn Prof. Pfäffli, er möchte doch bitte sofort hierher kommen, Herr Dr. Nafzger habe einen Herzinfarkt erlitten!»

Gottlieb Amsler, Jan Petersen und Hermann Brogli legten den praktisch leblosen Hans seitwärts auf den schweren Perserteppich. Dort deckten sie ihn teilweise mit sofort herbeigeholten Wolldecken zu. Gottlieb Amsler rief immerwährend: «Hans, Hans, hörst Du mich? Der Doktor kommt jeden Augenblick!» Dann schwieg er einen Moment. Den hilflos Herumstehenden schien es, als ob er bete. Gottlieb Amsler bat alle bis auf Rafaelo, doch hinauszugehen. Luigi sollte an der Türe Herrn Prof. Pfäffli in Empfang nehmen, denn dieser müsse ja jeden Moment eintreffen, wie Rafaelo nach dem Telefonanruf ausgerichtet hatte.

Unerträgliches Schweigen legte sich über die vor Minuten noch so unbeschwert fröhliche Gesellschaft. Von diesem Schicksalsschlag, der sie wie ein Blitz aus heiterem Himmel überrascht hatte, waren alle zutiefst getroffen. Die Frauen schluchzten herzzerreissend, die Männer wussten nicht recht was sie tun sollten. Sollten sie die Frau von Hans benachrichtigen? – Die Minuten verstrichen wie Stunden. Endlich, kaum fünf Minuten nach dem Anruf, war Professor Pfäffli, der an der nahegelegenen Rudolf Wackernagelstrasse wohnte, hier eingetroffen. Alles atmete erleichtert auf. Doch schon nach einigen Minuten teilte Gottlieb Amsler den mit Bangen Wartenden mit: «Freunde, wir können ihm nicht mehr helfen. Unser lieber Hans ist tot, Gott sei ihm gnädig!»

Nach einigen Minuten des Schweigens fügte er bei: «Prof. Pfäffli und ich werden es Frau Nafzger mitteilen. Bitte Freunde, geht jetzt! Behaltet unsern Hans so, wie er immer war in lieber Erinnerung.»

Alle verharrten ein paar Minuten in tiefem, andächtigem Schweigen. Dann gingen sie noch ganz verwirrt zu den mittlerweile herbeigerufenen Taxis und fuhren, von diesem grauenhaften Geschehnis zutiefst erschüttert, heimzu.

Zurück blieben einzig noch Prof. Pfäffli, Gottlieb Amsler und die drei Bediensteten. Prof. Pfäffli war es, der die Polizei informierte. Er tat dies diskret mit dem Telefon aus einem Nebenzimmer, so dass ihn niemand Unbefugter hören konnte.

Als er wieder zu den vier andern, die beim Toten Wache hielten, zurückgekehrt war, orientierte er sachlich, dass die Polizei bald kommen werde. Dies sei natürlich eine reine Routine-Angelegenheit. Rafaelo, Luigi und Hans Kohler sollten weiterhin bei dem Toten wachen, bis die Polizei komme. Gottlieb Amsler und er wollten Frau Nafzger die traurige Nachricht überbringen.

Beim Worte «Polizei» hatte Gottlieb Amsler fast unmerklich gezuckt. Sobald er mit Prof. Pfäffli allein war, fragte er diesen: «Herr Professor, meinen Sie, dass Hans nicht eines natürlichen Todes starb, dass Sie die Polizei informiert haben?» – Prof. Pfäffli bejahte dies dem ganz verstörten Gottlieb Amsler und fügte bei, er selbst glaube an eine Zyankalivergiftung. «Aber, bitte Herr Amsler, sprechen Sie vorläufig mit niemandem darüber!» – Gottlieb Amsler schien noch bleicher zu werden.

Ein eigenartig, von Schmerz und Hass geprägter Ausdruck trat in seine Augen. Als erfahrener und scharf beobachtender Mediziner registrierte Prof. Pfäffli dies automatisch, doch er liess sich nichts anmerken. – «Kommen Sie jetzt, Herr Amsler, wir haben einen schweren Gang vor uns, aber wir müssen Irene Nafzger die schreckliche Nachricht überbringen.» – Gottlieb Amsler nickte nur stumm und folgte traumwandlerisch Prof. Pfäffli. Luigi brachte Herrn Amsler noch den leichten Überzieher aus dem Garderobenraum. Prof. Pfäffli war ohne Mantel gekommen.

Gottlieb Amsler wusste nicht, wie er in den Wagen des Doktors stieg, so beschäftigt war er mit seinen Gedanken an den Tod des lieben Freundes. Erst als sie, nach etwa einer viertelstündigen Fahrt, unter anderem über die St. Alban Brücke in die Gellertstrasse einbogen, wo das herrschaftliche Haus des Ehepaares Nafzger lag, erwachte er aus seiner Lethargie. Er biss auf die Zähne, jetzt galt es zu zeigen, dass er als bester Freund des Verstorbenen wusste, was er zu tun hatte.

Prof. Pfäffli parkierte den Wagen unmittelbar vor der breiten sehr gepflegten Einfahrt zur Nafzgerschen Villa. Der Eingang und der Hausflur waren, wie meistens bis 22 Uhr, beleuchtet.

Ebenso brannte noch Licht im 1. Stock, wo, wie die beiden Ankömmlinge wussten, das Wohnzimmer lag.

Gottlieb Amsler drückte auf die Klingel. Er blickte auf die Uhr, es war 21.36 Uhr. Sie glaubten leise Schritte zu hören und richtig, fast lautlos öffnete sich die Türe: «Ah, Sie sind es, guten Abend. Wünschen die Herren sprechen? Nur Madame ist hier.» – «Dürfen wir mit Frau Nafzger sprechen?» liess sich Prof. Pfäffli vernehmen. – «Natürlich sehr gerne, bitte treten Sie nur ein», lud das blutjunge, hübsche Dienstmädchen, Marie-Thérèse Borer, die beiden ihr bekannten Besucher ein. Mit den Worten: «Wollen Sie nicht ablegen, Herr Amsler?» nahm sie diesem den Überzieher vom Arm und hängte diesen in den Gästegarderobenschrank. «Kommen Sie bitte in den Salon, meine Herren, nehmen Sie bitte Platz, ich werde inzwischen Frau Nafzger Bescheid sagen.» – Prof. Pfäffli und Gottlieb Amsler nahmen in den bequemen Fauteuils des ihnen vertrauten Salons Platz, während das Dienstmädchen nach oben ging.

«Die Herren möchten doch bitte gleich nach oben kommen», liess sich Marie-Thérèse Borer vernehmen. Prof. Pfäffli und Gottlieb Amsler gaben der Aufforderung statt.

Schweren Herzens stiegen sie die Treppe nach oben, wo ihnen Frau Nafzger in einem bequemen, nach der neuesten Mode geschnittenem, dunkelrotem Kleide entgegen kam. «Herzlich willkommen Herr Prof. Pfäffli und auch Du Gottlieb. Aber bist Du denn nicht an die Klassenzusammenkunft gegangen?» wandte sie sich an letzteren. «Hans ist auch dort. – Ist etwas passiert?» fügte leicht erschrocken Irene Nafzger hinzu und erbleichte zusehends. Der knappe, etwas verlegene Gruss der beiden unerwarteten Besucher hatte ihr instinktiv diese Befürchtung eingegeben.

«Irene, es ist schlimm, sehr schlimm», eröffnete Gottlieb Amsler. «Frau Nafzger, bitte, fassen Sie sich, Ihr Mann ist verunglückt», fügte Prof. Pfäffli mit der beruhigenden Stimme des leidgewohnten Arztes hinzu. – «Ist er tot?» stiess die sofort das Schlimmste befürchtende Irene Nafzger unter Tränen hervor. – Das betretene Schweigen der beiden hilflosen Männer liess sie instinktiv die furchtbare Wahrheit erkennen. Irene wandte sich ab und taumelte, von Gottlieb Amsler sanft gestützt zum Sofa des so geschmackvoll eingerichteten Wohn-

14

zimmers. Dort vergrub sie ihr Gesicht in beide Hände und liess ihren Tränen freien Lauf. Gottlieb Amsler und Prof. Pfäffli versuchten sie zu trösten, so gut ihnen dies möglich war.

«Wie... wie ist es passiert, bitte Gottlieb, erzähle es mir», presste die von unsäglichem Schmerz gequälte Frau Nafzger hervor. – Schweren Herzens, doch irgendwie erlöst, etwas tun zu können, um vielleicht den ersten Schmerz etwas zu lindern, erzählte Gottlieb, wie nett die Klassenzusammenkunft begonnen hatte und wie Hans so guter Laune war und wie er dann plötzlich während des Essens einen Herzschlag erlitten habe und sofort tot war. Glücklich und froh bis zum letzten Augenblick. Gottlieb Amsler schloss zutiefst erschüttert seine Schilderung des traurigen Geschehnisses mit: «Der gute Hans, sein Verlust trifft uns alle. Hans meinte es mit den Mitmenschen immer so gut. Er war so freundlich und man konnte jederzeit auf seine Hilfsbereitschaft zählen».

Irene Nafzger hörte mit schmerzerfüllten Zügen wortlos zu. – «Oh, wie schrecklich, wie schrecklich», fügte sie hinzu. Dann schien ihre Kehle zugeschnürt zu sein und es trat eine unnatürliche, bedrückende Stille ein. Jeder versuchte für sich allein den bitteren Schmerz zu überwinden. Prof. Pfäffli war irgendwie der unbeteiligste. Er hatte, als langjähriger Hausarzt der Nafzgers, den Verstorbenen gut gekannt. Er hatte ihn sehr geschätzt und bewundert. Letzteres vor allem seiner ausgeglichenen Natur wegen. Er erinnerte sich noch gut, wie vor rund fünf Jahren Hans Nafzger die so hübsche Sekretärin Irene Jeker heiratete. Ja, er war damals zur Hochzeitsfeier eingeladen gewesen, wie übrigens auch Gottlieb Amsler. – Das Brautpaar schien trotz des ungewöhnlich grossen Altersunterschiedes von 16 Jahren ein ideales Paar zu sein. Er, der etablierte, erfolgreiche Unternehmer Dr. Nafzger und sie, die blutjunge, quicklebendige und auffallend hübsche Irene Jeker.

Die Ehe war auch sehr harmonisch und glücklich geworden. Allerdings erinnerte sich Prof. Pfäffli, irgend einmal etwas von Eheschwierigkeiten vernommen zu haben. Aber dies war eigentlich ganz natürlich, wenn man in Betracht zog, dass sich die beiden Partner mit ihren verschieden geprägten Persönlichkeiten erst finden mussten. Prof. Pfäffli sinnierte auch noch, warum - wenn es einen Gott gab - dieser gerade so eine harmonische Gemeinschaft zerstörte, wenn es andererseits doch soviele Ehepaare gab, welche einander derart entfremdet waren, dass sie sich wegen Kleinigkeiten gegenseitig fast zu Tode aufrieben.

Gottlieb Amsler seinerseits beschäftigte sich in Gedanken mit Irene. Wie kann dieses zarte Wesen so einen schweren Schicksalsschlag wohl überwinden? Wird sie die Kraft aufbringen sich im Leben wieder zurecht zu finden? Und dann waren seine Gedanken wieder beim soeben Verstorbenen. Für ihn selbst war dieser Verlust des besten Freundes ein Genickschlag des Schicksals. Zwar sagten ihm seine Lebenserfahrung wie auch sein Verstand, dass das Leben für ihn auch ohne den lieben Freund weitergehen müsse. – Er konnte es sich kaum vorstellen, niemals mehr das herzliche und so erfrischende Lachen seines lieben Freundes Hans zu hören. Er dachte, wie er die tröstenden Aufmunterungen und die immer von Herzensliebe zeugenden Überraschungen und Aufmerksamkeiten von Hans vermissen werde.

Wie öde und leer musste es jetzt erst im Herzen der vom Leid fast erdrückten so jungen Witwe aussehen? Sicher konnte sie die ganzen Konsequenzen dieses schrecklichen Augenblickes nicht erfassen. Wozu sollte sie auch. Es war schon so mehr als genug. – Gottlieb Amsler hielt in seinen Betrachtungen inne, beobachtete Irene Nafzger und stellte mit bewunderndem Erstaunen fest, dass sie ihre Gefühle wieder vollständig unter Kontrolle hielt, und dass sie viel gefasster als er diesem Schicksalsschlag gegenüber stand. War dies einfach ein Unterschied der Geschlechter, wollte er sich in seiner Verwirrtheit schon fragen. Aber sein Verstand sagte ihm, dass es dann gerade umgekehrt sein müsste, wenigstens nach der landläufigen Meinung. Natürlich gab es in der Geschichte bis in die jüngste Zeit Frauen, die mit unverständlichem Heroismus und Gottergebenheit jedes Leid mit bewundernswerter Haltung ertrugen. Er dachte dabei auch an Jackie Kennedy am 22. November 1963, als deren Präsidentengatte durch Schüsse aus feiger Mörderhand in Dallas fiel.

Irene Nafzger war es, welche die feierliche Stille brach: «Herr Professor Pfäffli, ich will sofort zu meinem Manne gehen. Bitte, führen Sie mich zu ihm hin!» Dann wandte sie sich Gottlieb zu und fuhr fort: «Du Gottlieb, bleibe bitte hier im Hause, bis wir wieder zurück sind.» – Gottlieb Amsler protestierte, aber ein unmerkliches Zeichen des Arztes veranlasste ihn zum Einlenken: «Irene, Du weisst, dass ich alles für Dich tun werde. Nun gut, ich werde hier auf Eure Rückkehr warten.»

Inzwischen war auch Marie-Thérèse Borer vom furchtbaren Unglück durch Frau Nafzger unterrichtet worden. Die Kleine war ganz fassungslos und konnte es einfach nicht glauben, dass der gute Dr. Nafzger nicht mehr leben sollte. Sie brach in lautes Schluchzen aus und wollte sich in ihr Zimmer zurückziehen. Frau Nafzger bat sie jedoch, im Wohnzimmer mit Herrn Amsler ihre Rückkehr abzuwarten. Sie könnten sich ja einen Drink servieren.

Die beiden Zurückgebliebenen hörten noch das Starten des Wagens von Prof. Pfäffli und das schnell leiser werdende Motorengeräusch des sich entfernenden Wagens.

«Was für einen Drink darf ich Ihnen servieren, Herr Amsler?» – «Bitte Fräulein Marie-Thérèse, geben Sie mir einen Cognac.» – «Courvoisier, Rémie Martin, Bisquit, Romagna Vecchia oder Napoléon?» – «Einen Rémie Martin, bitte.» – «Herr Amsler, erzählen Sie mir doch ganz genau, wie es vor sich ging, als Dr. Nafzger ermor... eh, starb», bat Marie-Thérèse mit fast detektivischem Interesse. – Gottlieb Amsler erzählte nochmals die ganze Geschichte. Auffallend war nur, dass Marie-Thérèse ganz präzise Fragen stellte, wie das und jenes gewesen sei. Wann sie zu essen begonnen hätten, wer neben und wer gegenüber von Herrn Dr. Nafzger gesessen sei und noch viele, viele Details mehr. – Gottlieb Amsler beantwortete diese Fragen so gut und so bereitwillig er konnte, um das Interesse der so aufdringlich neugierigen Marie-Thérèse einerseits zu befriedigen, andererseits um diese nicht noch mehr zu schmerzen. Denn er spürte, dass die Kleine innerlich grossen Anteil am schrecklichen Geschehnis nahm.

Gottlieb Amsler hatte nun einmal Gelegenheit, sich Marie-Thérèse näher anzuschauen. Vieles wusste er eigentlich nicht von ihr, musste er sich jetzt eingestehen. Sicher war sie schon gut seit zwei Jahren als Dienstmädchen bei den Nafzgers angestellt. Sie hatte noch einen Bruder, den er zwar noch nie gesehen hatte, der an der Universität Naturwissenschaften studierte. Die Eltern waren vor etwa zehn Jahren bei einem Zugsunglück ums Leben gekommen. Marie-Thérèse und ihr Bruder kamen dann in ein Waisenhaus. Die nun etwa zwanzigjährige

Marie-Thérèse hatte die Stelle bei Familie Nafzger angetreten, um rasch etwas Geld zu verdienen, als Zuschuss für das so teure Studium des Bruders. Da die Nafzgers sehr grosszügig waren und sie praktisch wie eine Familienangehörige behandelten, blieb Marie-Thérèse sehr gerne bei den Nafzgers. Ab und zu sprach sie zwar von ihren Plänen zur Weiterausbildung. In ihrer Freizeit besuchte sie auch einen Englischsprachkurs bei der Migros Club Schule Basel und lernte Schreibmaschinenschreiben. Aber diese Tätigkeiten schienen bei ihr keine besondere Priorität zu haben, sondern sie dienten ihr mehr zum Zeitvertreib als zur geplanten Weiterbildung.

Je eingehender Gottlieb Amsler Frl. Borer betrachtete, desto sympatischer wurde sie ihm. Eigentlich zum erstenmal kam es ihm deutlich zum Bewusstsein, wie hübsch und anziehend dieses Dienstmädchen eigentlich war. Ihr liebliches Spitzbubengesicht mit den so entzückenden braunen Rehaugen wurde von dem offen getragenen schulterlangen schwarzen Haar umrahmt. – Frl. Borer schien die Gedanken ihres Gegenübers zu erraten. «Herr Amsler, ich sollte glaube ich auf diesen Schrecken hin auch einen Cognac haben», unterbrach Marie-Thérèse die Stille. Sie war sich dabei all ihrer weiblichen Reize bewusst. Herr Amsler bejahte dies natürlich mit Freuden. Innerlich ärgerte er sich, dass er nicht selbst auf den Gedanken gekommen war, ihr einen Drink anzubieten. Er spürte, wie ein leises prickelndes Gefühl sein doch sonst so abgeklärtes Inneres aufzuwühlen begann. Hatte der verstorbene Hans dieses Gefühl auch gekannt, wenn er sich von diesem so verführerisch aussehenden Dienstmädchen umhegen und verwöhnen liess? So wie er Hans kannte, glaubte er ja. Hans hatte schöne Frauen immer besonders gerne gehabt. Komisch dünkte Gottlieb nur, dass ihm Frl. Borer früher nie so aufgefallen war. – Ja, Hans hatte den nötigen Charme gehabt, der Frauenwelt begehrenswert zu erscheinen. Begehrenswert wegen so vieler, in den Augen von Gottlieb Amsler zwar lächerlichen Gründen: wie für alle Kleinigkeiten angebrachte Komplimente usw. Natürlich hatte Dr. Nafzger wirkliche Qualitäten gehabt. Aber gerade diese, so schien es wenigstens Gottlieb Amsler, wurden von den Frauen kaum beachtet. – Gottlieb Amsler war schon seit vielen Jahren geschieden. Seine Frau und er hatten sich nach ewigen Reibereien und immer wieder gescheiterten Versöhnungsversuchen schliesslich in Frieden getrennt. Gottlieb war seither überzeugt, dass es den Frauen an Urteilskraft fehle, die seiner Meinung nach wichtigsten Charakterqualitäten eines Mannes zu erkennen. Nur mittelmässige Männer wurden seiner Meinung nach von den Frauen allgemein geliebt. Hochintelligente hatten gleich wenig Chancen bei den Frauen wie strohdumme. Dieses hatte seine Lebenserfahrung ihn gelehrt. Liebte eine Frau einen überragenden Mann der Wirtschaft, der Wissenschaft oder des Kunstlebens, so waren es immer, nach Gottlieb Amsler, nicht diese Qualitäten, welche die Frauen an ihren Männern so schätzten, sondern z.B.: Ihre galanten Umgangsformen, oder wie sie sich eine Zigarette anzündeten oder sich kleideten.

Kurz und gut, es waren nur die in die Augen springenden Äusserlichkeiten. Geld spielte bei der Liebe vieler Frauen nicht so eine grosse Rolle, wie er es sich anfänglich vorgestellt hatte. – Eine Frau wollte einfach einen Mann haben, der in erster Linie der breiten Masse ihrer Geschlechtsgenossinnen als begehrenswert erschien.

Dieses Urteil über Frauen war es, welches Gottlieb Amsler nach seiner Scheidung nicht mehr auf Freiersfüssen gehen liess, um so wenigstens einer zweiten Enttäuschung zu entgehen. Im übrigen nahm er das Leben wie es kam. Hübsche Frauen sah er immer gerne. Auch fühlte er sich wohl in ihrer Gesellschaft. Nur von einer Ehe wollte er nichts mehr wissen. Hans hatte sich einige Male mit ihm diesbezüglich ausgesprochen und versucht, ihn ein wenig umzustimmen, doch dies war vergebens gewesen. Gottlieb hatte zwar eingesehen, dass viele Frauen von Natur aus so veranlagt waren, dass man dies ihnen auch nicht übelnehmen dürfe und, dass man sie entsprechend behandeln musste, wollte man sie und sich selbst glücklich machen. Aber Gottlieb Amsler suchte in seinen Idealismus verstrickt, wie ein Verblendeter, immer nach der Ausnahme obiger Regel. Er wusste, es gab diesen Typ Frauen, die den innern Wert eines Mannes sofort erkannten und ihn auch hauptsächlich deswegen liebten. «Darf ich Ihnen noch etwas nachgiessen, Herr Amsler?» bat Marie-Thérèse. Ohne seine Antwort abzuwarten, füllte sie ihm nochmals das Cognac Glas nach, wobei sie darauf achtete, dass ihre vorteilhafte Figur voll zur Geltung kam. Die beiden wollten sich gerade zuprosten, als die Hausglocke ertönte und Marie-Thérèse ihres Amtes walten musste.

Nach wenigen Augenblicken kam sie schon mit Frau Nafzger zurück. Prof. Pfäffli war nicht mehr hereingekommen und hatte sich, wie Frau Nafzger sagte, auch von Gottlieb verabschieden lassen. Auch Marie-Thérèse hatte den Arzt nicht mehr gesehen, als sie Frau Nafzger eingelassen hatte.

«Bitte, Marie-Thérèse, lassen Sie uns alleine. Ich benötige Sie heute nicht mehr. Gute Nacht und schlafen Sie wohl.»

«Du, Gottlieb, stelle Dir vor, Hans ist nicht eines natürlichen Todes gestorben. Es liegt Verdacht auf Selbstmord oder sogar Mord durch Zyankalivergiftung vor. Wer konnte nur so etwas tun, Gottlieb, hast Du eine Ahnung?» – Gottlieb verneinte dies: «Du weisst ja, Irene, Hans hatte viele unbekannte Neider und er wurde ja seit zwei bis drei Jahren regelmässig mit Mord bedroht, von irgend einem anonymen Erpresser, dessen einziges Motiv Rache zu heissen schien. Rache wofür und weshalb, war unklar. – Du, Irene, wieviele solcher Briefe habt Ihr überhaupt erhalten?» «Fünf solcher Briefe waren es, soviel ich weiss. Hans hatte ja die Polizei verständigt. Aber auch diese konnte nichts herausfinden, ja, wie wir jetzt gesehen haben ihn nicht einmal wirksam schützen.»

Die beiden Gesprächspartner ahnten allerdings nicht, dass ihr Gespräch von Marie-Thérèse abgehorcht wurde mit Hilfe eines raffiniert im Aschenbecher verborgenen Mikrophons und Minisenders. Der äusserlich so harmlos aussehende, allerdings mit einem kleinen Basilisken verzierte Aschenbecher lag auf dem Salontisch, um den sich Irene und Gottlieb gesetzt hatten.

Irene war es, die nach längerem Schweigen fortfuhr: «Du, Gottlieb, könntest du Dir vorstellen, dass Hans Selbstmord verübt hat? Mir scheint dies ganz unmöglich. Er hatte doch immer so viel Lebensmut und war ein solcher Optimist und dann liebte er mich doch so sehr, dass er mir nie ein solches Leid hätte zufügen können. Wie denkst Du darüber?» – «Ganz gleich, wie Du, Irene. Nach meiner Meinung kann es nur Mord gewesen sein, und zwar muss der Täter im Kreise der Klassenkameraden inklusive des Personals gesucht werden. Glaube mir, Irene, die Polizei wird den Täter finden. Der arme Hans, wer hätte schon gedacht, dass sein Erpresser und

20

jetzt sein Mörder in seiner nächsten Umgebung zu suchen wäre.»

Irene schien sich schon einigermassen gefasst zu haben. Sicher konnte sie all die schrecklichen Konsequenzen im Augenblikke gar nicht erfassen, ging es Gottlieb durch den Kopf. - Dann dachte er wieder an das Geheimnis, welches ihm Hans vor etwa drei Jahren anvertraut hatte und welches er eigentlich nie preisgeben wollte. Er wusste nur, dass es damals nach Hansens Version drei Mitwisser gab und jetzt folglich noch zwei.

Irene ihrerseits schien auch in Gedanken versunken zu sein. «Du, Gottlieb, es ist furchtbar, einfach schrecklich...» Das Schrillen der Hausglocke, liess sie ihr Gespräch jäh abbrechen. - «Warte Irene, ich sehe nach, wer so spät noch zu Besuch kommen will», sagte Gottlieb, erhob sich und ging zur Türe. - «Guten Abend, Sie sind es Herr Affolter», begrüsste er den Polizeikommissar, der mit zwei Beamten, welche er als Emil Klötzli und Paul Märki vorstellte, zu so später Stunde noch um Einlass bat. «Guten Abend, Herr Amsler, ich möchte mit Frau Nafzger sprechen. Sie, Klötzli und Märki, warten hier in der Halle bis ich Sie rufen werde».

Irene hatte sich erhoben und die drei Ankömmlinge ebenfalls begrüsst. Diese sprachen ihr dabei ihr tiefstes Beileid aus. «Ich möchte, dass Herr Amsler an unserer Unterhaltung teilnimmt, Herr Kommissar», bat Frau Nafzger. Die drei machten es sich in den Fauteuils des Salons bequem. - «Frau Nafzger, wie Sie wissen, scheint es, dass Ihr Mann ermordet wurde. Ich möchte in diesem Zusammenhange ein paar Fragen an Sie richten. - Gehörte es zur Gewohnheit Ihres Gatten, von diesen Pillen zu nehmen?» - Dabei zog er eine kleine Dose mit roten Kapseln aus seiner Tasche und reichte sie Frau Nafzger. Irene schwieg und schien plötzlich ganz verwirrt zu sein. - «Ja, ich weiss, dass Hans solche Kapseln nahm, da er an Magenbeschwerden litt», antwortete Gottlieb an Irenes Stelle. Diese bestätigte dann sofort: «Ja, er nahm sie immer, wenn er ein wenig üppig ass. Warum, ist mit diesen Pillen oder Kapseln etwas nicht in Ordnung?» - «Ja, unser Laboratorium hat festgestellt, dass sie an Stelle des absolut unschädlichen Wirkstoffes mit Zyankali gefüllt sind. Diese Steckkapseln hier, wurden von Hand geöffnet, der darin enthaltene Wirkstoff ausgeleert, mit Zyankali gefüllt und wieder zusammengesteckt». - Frau Nafzger er-

bleichte und schien einer Ohnmacht nahe zu sein. Gottlieb Amsler versuchte so gut er konnte, sich um Irene anzunehmen. – «Herr Kommissar, was wollen Sie damit sagen? Soll das irgend eine Verdächtigung von Frau Nafzger sein? Als langjähriger Freund der Familie find ich eine solche Verdächtigung eine bodenlose Unverschämtheit! Frau Nafzger wäre die letzte, welche einen Grund gehabt hätte, ihren Mann umzubringen! Herr Kommissar, Sie wissen doch um die Morddrohungen. Dort glaube ich, müssten Sie ansetzen! Ich bin überzeugt, dass der Mörder in der nächsten Umgebung gesucht werden muss. Frau Nafzger jedoch ist über jeden Verdacht erhaben. Ich bürge absolut für sie! Es wäre für den lieben Verstorbenen das Traurigste, wenn nun noch ein Mordverdacht auf seine Frau fallen würde!» – «Ich stimme Ihnen vollständig bei, möchte aber gerade deswegen keine Unterlassung machen und eine Hausdurchsuchung vornehmen». – Frau Nafzger brachte unter Schluchzen nur zustimmend hervor: «Bitte Herr Affolter, tun Sie alles, was Sie müssen. Es ist Ihre Pflicht, bei der Abklärung des Falles keine Fehler zu machen.»
Man sah es direkt, wie schwer es Kommissar Affolter fiel, seine unangenehme Pflicht zu erfüllen. Er entfernte sich kurz, um Märki und Klötzli den Befehl für die Hausdurchsuchung zu erteilen. Frau Nafzger orientierte noch Frl. Marie-Thérèse Borer über das Haustelefon und bat sie, doch auch in den Salon herunter zu kommen.
Schon nach einigen Minuten trat Frl. Borer in den Salon. Es schien, das sie noch nicht zu Bett gegangen war. «Was wünschen Sie von mir Frau Nafzger?» – «Bitte, setzen Sie sich zu uns. Dies ist Herr Kommissar Affolter vom Morddezernat. Sie müssen wissen, dass mein Gatte nicht eines natürlichen Todes starb, sondern ermordet wurde.» – Gottlieb Amsler und Kommissar Affolter schienen die Reaktionen von Frl. Borer auf diese Eröffnung genau zu studieren. Es war schwer sich irgend eine Meinung zu bilden. Frl. Borer schien gar nicht besonders beeindruckt zu sein. Fast schien es, als hätte sie diese Neuigkeit nicht mehr überrascht. Oder war es einfach dies, dass sie dachte, natürlicher Tod oder Mord, ändere an der Tatsache nichts, dass der gute Herr Dr. Nafzger für immer von dieser Welt gegangen war.
«Gestatten Sie, dass ich rauche?» unterbrach Kommissar Af-

folter das verlegene Schweigen, nur um etwas zu sagen. – «Selbstverständlich, Herr Kommissar», erlaubte die Hausherrin. – Gottlieb Amsler warf einen Blick auf die fein geordnete Pfeifensammlung des Verstorbenen. Es schienen vier Pfeifen zu fehlen. Kommissar Affolter musste ähnliche Gedanken gehabt haben, denn auch seine Blicke waren auf besagter Pfeifensammlung geruht. Nun stopfte sich der Kommissar seine Pfeife mit der Aufmerksamkeit und Liebe eines echten Amateurs.

Emil Klötzli und Paul Märki durchsuchten inzwischen das ganze Haus Zimmer nach Zimmer. – Im Badezimmer fanden sie in einem Spiegelkästchen über dem Doppellavabo eine leere Medikamentenpackung der erwähnten Kapseln. Der Pakkungsprospekt war immer noch im Schächtelchen enthalten. In einem andern Spiegelkästchen, welches dem Inhalte nach der Dame des Hauses reserviert war, fanden sie in einem Papiersack etwas Schlemmkreide und in einem andern Papiersäcklein aus der gleichen Drogerie etwa noch 50 g Zyankali. Die beiden Polizeibeamten brachen ihre Untersuchung ab. Sie nahmen die leere Medikamentenpackung und das Zyankalisäckchen wie auch das Säcklein mit Schlemmkreide aus der gleichen Drogerie zu sich. Ihre drei Funde brachten sie zu Kommissar Affolter in den Salon und übergaben sie ihm – sorgfältig in Plastiksäcklein verpackt – zur Spurensicherung. Dabei schilderten sie ihm genau, wo sie die drei Gegenstände entdeckt hatten. Kommissar Affolter paffte ruhig weiter an seiner Pfeife. Nichts verriet irgendwelche emotionellen Reaktionen seinerseits. Sachlich und mit wohlwollender Stimme fragte Kommissar Affolter Frau Nafzger, ob ihr Mann die Kapseln im bezeichneten Spiegelkästchen im Badezimmer aufzubewahren pflegte. Irene Nafzger bejahte dies und fügte bei, dass ihr sehr ordnungsliebender Gatte das Medikamentendöschen, wenn er auswärts Essen ging, jeweils ohne Aussenpackung mit sich nahm. Nach seiner Rückkehr legte er es dann jedesmal wieder in der Originalpackung ins besagte Lavabokästchen zurück.

Gottlieb Amsler konnte sich dies gut vorstellen. Hans war in solch kleinen Dingen von einer ungeheuern Pedanterie. Es gehörte irgendwie zu seinem Charakter. Doch wusste Gottlieb Amsler, dass Frau Nafzger ihrem Gatten eine kleine, goldene

Pillendose mit dem Familienwappen hatte anfertigen lassen. Diese Pillendose hatte sie ihm zu einem der letzten Geburtstage geschenkt. Gottlieb erinnerte sich noch sehr genau an diese Pillendose. Denn bei einer ihrer so häufigen halb privaten, halb geschäftlichen Zusammenkünfte hatte Hans dieses Geschenk ihm gezeigt und ihn raten lassen, wofür dies wohl wäre. Warum hatte Hans diese Pillendose nicht für die besagten Kapseln benützt? Gottlieb Amsler wollte Gewissheit haben: «Irene, wo hat Hans seine goldene Pillendose, weisst Dein Geburtstagsgeschenk an ihn?» Irene schien einen Augenblick lang leicht verwirrt zu sein und nicht recht zu wissen, was sie antworten sollte. – «Ich weiss es wirklich nicht, d. h. jetzt wundere ich mich eigentlich auch, dass Hans die Kapseln nicht in der Pillendose mit sich trug. Vielleicht hat er die Pillendose kürzlich verloren und wollte es mir erst bei einer günstigen Gelegenheit mitteilen, um mich nicht zu kränken», antwortete Irene. Dabei blickte sie mit fast gestellter Aufmerksamkeit Gottlieb in die Augen.

Gottlieb Amsler schien mit dieser Erklärung befriedigt zu sein. Fast beiläufig jedoch schaltete sich Kommissar Affolter ein: «Wäre es nicht denkbar, Frau Nafzger, dass ihr Gatte die Pillendose in einer Tasche irgend eines andern seiner Anzüge hätte?» – Irene Nafzger schüttelte nur den Kopf: «Nein, sicher nicht, Herr Kommissar. Hans hätte die Kapseln sicher in seine Pillendose, welche er eigentlich immer auf sich trug, abgefüllt, wenn er diese nicht verloren hätte.» – Kommissar Affolter schien hartnäckig irgend eine Spur zu verfolgen: «Herr Amsler, bitte beschreiben Sie mir doch einmal diese Pillendose.» – Der Angesprochene gab eine prägnante, sehr plastische Beschreibung der kunstvoll gearbeiteten Dose. Abschliessend konnte er es nicht lassen, Irene auf einen gewissen Widerspruch zu ihrer früheren Aussage betreffs der Gewohnheit des Mitnehmens des Medikamentenfläschchens ohne Originalpackung und Abfüllen in diese Pillendose anzusprechen. – Irene entschuldigte sich, dass sie infolge der jetzigen Aufregung gar nicht an die Pillendose gedacht habe und den Sachverhalt deshalb so schilderte, wie Hans es zu tun pflegte, bevor sie ihm diese Pillendose geschenkt hätte.

Kommissar Affolter, der gemütlich an seiner Pfeife zog, hatte unterdessen das in einem durchsichtigen Plastikbeutel ver-

packte Zyankalisäckchen zur Hand genomen und präsentierte
es Frau Nafzger: «Haben Sie, Frau Nafzger, dieses Zyankali
in der Drogerie Bäumle gekauft, wann und zu welchem Zwek-
ke?» – Irene Nafzger verneinte dies energisch. Sie habe zwar
letzthin in der Drogerie Bäumle ein Säckchen Schlemmkreide
gekauft, aber keinesfalls Zyankali. Sie wüsste auch nicht
wozu. – «Wie können Sie sich dann die Anwesenheit dieses
Säckchens in Ihrem Badezimmer erklären?» forschte Kommissar Affolter weiter. – Irene Nafzger schwieg sichtlich belei-
digt, ob der in ihren Augen anmassenden Verdächtigung
durch Kommissar Affolter.
Der Kommissar zeigte in der Zwischenzeit auch das Schlemm-
kreidesäcklein vor. Schon auf den ersten Blick war zu erkennen, dass beide Säcklein von der Hand des gleichen Verkäu-
fers beschriftet worden waren. Ja, Kommissar Affolter bemerkte auf Grund des Datums sofort, dass beide Säcklein am
selben Tage, also evtl. gleichzeitig gekauft worden waren.
Ganz beiläufig wies er auf diesen Umstand hin. Da war Irene
Nafzger mit ihren Nerven völlig am Ende: «Bitte meine Herren, ich möchte mich zurückziehen. Frl. Borer wird so freundlich sein und sie zur Türe begleiten.» Ohne eine Reaktion der
Anwesenden abzuwarten, eilte Frau Nafzger aus dem Salon in
ihr Zimmer. Es herrschte ein Moment lang betretenes Schweigen. Dann erhob sich Kommissar Affolter als erster, nahm sei-
ne Pfeife kurz aus dem Munde und meinte lakonisch, aber
trotzdem mit freundlicher, ja fast väterlicher Stimme: «Frl.
Borer, Sie müssen uns nicht begleiten, wir wissen den Weg.»
Darauf schritt er allen voran dem Ausgange zu. Frl. Borer
drehte den Schlüssel der Haustüre zweimal um, sobald die vier
Männer das Haus verlassen hatten.
«Herr Kommissar Affolter, dürfte ich Sie noch zu einem
Schlummerbecher bei mir zu Hause einladen? Ich hätte mit
Ihnen noch etwas zu besprechen», wandte sich Gottlieb Ams-
ler an den Polizeikommissar.
Eine halbe Stunde später sass Gottlieb Amsler zusammen mit
Kommissar Affolter in angeregter Unterhaltung im behagli-
chen Studierzimmer des Amsler'schen Bauerngutes, welches
am Rande der Langen Erlen lag, bei einem erfrischenden Gla-
se Warteckbier. Es war schon lange nach Mitternacht, als
Gottlieb Amsler Kommissar Affolter nach Hause fuhr. Die

beiden Männer waren von ihrer Aussprache befriedigt und Kommissar Affolter versprach, Herrn Amsler über den weiteren Verlauf der Dinge im Falle Dr. Nafzger bald wieder zu orientieren.

Am folgenden Morgen pünktlich um 9.30 Uhr kamen Emil Klötzli und Paul Märki zum täglichen Rapport in das einfache Arbeitszimmer von Kommissar Affolter. Dieser hatte eben die tägliche Morgenpost und die wichtigsten Tageszeitungen durchgesehen. Wie alle Tage war er schon seit 7 Uhr in seinem Büro bei der Arbeit. Nach einer kurzen Begrüssung und der Besprechung einiger laufenden Angelegenheiten kamen sie auf den Fall Dr. Nafzger zu sprechen. Detektiv Klötzli eröffnete, dass er soeben aus dem Polizeilabor den Bericht erhalten habe, dass der Inhalt des bei Nafzgers gefundenen Zyankalisäckleins ebenfalls Schlemmkreide enthielt. Der Inhalt der beiden sichergestellten, verschieden beschrifteten Papiersäckchen war also derselbe. Verschiedene Fingerabdrücke konnten auf beiden Papiersäckchen entdeckt und sichergestellt werden. Klötzli schlug vor, dass er heute morgen noch in der Drogerie Bäumle nachforschen wollte, wer evtl. das Zyankalisäckchen an wen verkauft habe. Kommissar Affolter war damit einverstanden und orientierte seinerseits, dass er zusammen mit Paul Märki jetzt zu der Villa von Frau Nafzger fahren werde, um nochmals mit Frau Nafzger und auch mit Frl. Borer zu sprechen. Er bat Klötzli, nach seinem Besuch in der Drogerie Bäumle zur Berichterstattung direkt zu Nafzgers zu kommen.

Knapp eine halbe Stunde später sprachen Kommissar Affolter und Paul Märki bei Frau Nafzger vor. Frl. Borer liess die beiden Besucher ein und erzählte ihnen, dass Frau Nafzger schon um 8 Uhr das Haus verlassen habe und jeden Moment zurück erwartet werde. Die beiden Besucher liessen sich in den Salon führen und unterhielten sich mit Frl. Borer, die den beiden sofort einen feinen Kaffee servierte.

Kommissar Affolter wollte keine Zeit verlieren. Ohne Umschweife fragte er Frl. Borer, ob sie von der Existenz des Zyankalisäckchens im Badezimmerkästchen gewusst habe. Zum Erstaunen der beiden Polizisten gab sie sofort zu, dass sie davon gewusst habe. Ja sie erklärte den beiden, sie habe den gefährlichen Inhalt sichergestellt und die Schlemmkreide in beide Säcklein gleichmässig verteilt. Gestern vormittag habe sie das getan als sie beim Ordnung machen im Badezimmer das Zyankalisäckchen entdeckt habe. Dann erklärte sie den beiden Beamten, sie sei im Auftrage eines überseeischen Detektivbüros für Dr. Nafzger tätig gewesen. Dabei zeigte sie eine Legitimationskarte vor, die sie als die Tochter des grossen Chicagoers Privatdetektiven Clemens Syphax auswies. Kommissar Affolter und Paul Märki liessen sich nicht anmerken, dass sie nicht wussten, was sie denken sollten. Zum Glück fuhr Frl. Borer fort: «Frau Nafzger weiss nichts von meiner Tätigkeit. Mein Vater wollte dies so haben. Übrigens lebt Dr. Nafzger noch. Gestern wurde nur sein Doppelgänger ermordet, ein gewisser Otto Fässler. Frau Nafzger weiss dies auch, nur ist es ihr nicht bekannt, dass auch ich es weiss. Wahrscheinlich hat sie jetzt mit ihrem Gatten Kontakt aufgenommen, um ihn über das Vorgefallene zu orientieren. Es ist schrecklich, dass Otto Fässler ermordet wurde. Er war einer der besten Leute im Detektivbüro meines Vaters. Wir hatten alle erdenklichen Vorkehrungen getroffen, um sein Leben zu schützen.» – Voller Grimm fügte sie noch hinzu: «Aber jetzt wissen wir, wo wir den Mörder suchen müssen. Es muss jemand aus der nächsten Umgebung des vermeintlichen Opfers sein. Am wahrscheinlichsten wird der Täter unter den Klassenkameraden und -kameradinnen zu suchen sein. Herr Kommissar, Sie staunen sicher, dass ich Ihnen alles mitteile, aber ich befolge jetzt nur eine Anweisung meines Vaters, mit dem ich letzte Nacht telefoniert habe. Er beauftragte mich, Sie zu bitten, Frau Nafzger zu verdächtigen und am besten sofort zu verhaften. Denn mein Vater glaubt, dass der Mörder den Verdacht auf Frau Nafzger lenken wolle und je besser dies gelänge, umso sicherer würde sich der Mörder fühlen. Und umso eher würden Sie ihn finden und dem Richter übergeben können.» – Bei dieser langen Rede hatte sich Kommissar Affolter wieder ganz gefasst. Märki schaute voller Bewunderung zu seinem Chef auf, als dieser sich bedächtig erhob, zur nahen Bar schritt und fast feierlich drei gefüllte Cognacgläser auf einem zierlichen Tablett plaziert auf den Tisch stellte. Er bat Frl. Borer und Herrn Märki auch ein Glas in die Hand zu nehmen und dann prostete er Frl. Borer zu: «Ein dreimal hoch auf die noch grössere Tochter des grossen Clemens Syphax.» Dann schmunzelte er. Jetzt war das Staunen nicht nur auf Märkis Seite. Auch Frl.

Borer meinte, sie sehe es immer wieder, dass es unter den Schweizer Polizisten noch ganze Kerle gäbe, die als Menschen noch immer instinktiv die Wahrheit fühlten. Nicht minder grosszügig lud sie ihrerseits Kommissar Affolter und Paul Märki samt Ehefrauen, so vorhanden, für 14 Tage als Gäste ihres Vaters nach Chicago ein, sobald der Fall Nafzger gelöst wäre. Märki kniff sich in den Oberschenkel, um sicher zu sein, dass er nicht träume. Einmal nach Chicago reisen, das wäre etwas. Er malte sich in Gedanken schon aus, wie er dann mit seiner lieben Ursula durch die Strassenschluchten der Weltstadt bummeln wollte. Er war ja als eingefleischter Kleinbasler immer überzeugt, ein guter Detektiv zu sein, der einmal so eine Ehrung verdiente.

Gut, dass Klötzli nicht hier war. Jetzt war er, Paul Märki, einmal eindeutig bevorzugt. Der initiativere Klötzli war ja auf eigenen Wunsch in die Drogerie Bäumle gegangen. Schicksal! – «Was meinen Sie, Märki», schreckte ihn die vertraute Stimme des Chefs aus seinen Träumen auf. «Glauben Sie, dass Sie Klötzli gegenüber vorläufig schweigen können, über die eben gehörte Geschichte von Frl. Borer?» – «Ja natürlich, Herr Kommissar, wenn Sie meinen, will ich schweigen wie das Grab.»

Kommissar Affolter, der gerne scherzte, schmunzelte innerlich. Er mochte Märki und Klötzli sehr gut. Es waren grundverschiedene Charaktere, jeder sehr wertvoll auf seine Art. Wenn Klötzli auch einerseits der beweglichere war, so war Märki andererseits der ausdauerndere. Es hatte schon ab und zu kleinere Rivalitäten zwischen den beiden gegeben, aber Affolter als ihr Vorgesetzter, verstand es meisterhaft, diese Eifersüchteleien immer wieder im Keime zu ersticken und die beiden zu einem begeisterten, sich ideal ergänzenden Team anzuleiten, indem er einmal diesem das andere mal jenem einen kleinen Vorteil einräumte. Klötzli und Märki achteten und bewunderten beide ihren Chef und versuchten, ihn möglichst nicht zu enttäuschen.

Die beiden Polizeibeamten und das so attraktive Frl. Borer unterhielten sich bestens, als die Hausglocke Besuch ankündigte. Frl. Borer liess wie gewohnt den Besucher ein. Es war Herr Klötzli, der von seinem Besuch aus der Drogerie Bäumle an der Freien Strasse zurückkam. Als er seinen Chef und den

Kollegen Märki begrüsste, merkte man sofort, dass er eine wichtige Neuigkeit für die beiden hatte. Aber in Gegenwart des Hausmädchens konnte er natürlich nicht darüber sprechen. Frl. Borer schien dies zu bemerken. Diskret zog sie sich zurück: «Wenn Sie etwas benötigen, meine Herren, können Sie mir nur läuten.» – Mit einem harmlos freundlichen Lächeln zog sich die grazile Marie-Thérèse zurück. Kaum einem eingeweihten Beobachter wäre ihr fast schelmischer Blick auf den ominösen Aschenbecher aufgefallen. Sie zog sich jetzt in ihr Zimmer zurück, schob den Türriegel vor und lauschte über ihre gewohnte Abhorchanlage, was die drei sich zu sagen hatten. Wann wohl würden diese herausfinden, welche Bewandtnis es mit dem Aschenbecher hatte? – Gespannt lauschte sie, wie Emil Klötzli von seinem Besuch in der Drogerie Bäumle berichtete. Klötzli hatte seine Sache offensichtlich glänzend gemacht.

Er hatte auf Grund der Schriftzüge auf beiden Papiersäckchen ohne weiteres den Verkäufer eruieren können. Es war ein gewisser Franz Gysin. Dieser erinnerte sich, dass er am vergangenen Mittwoch an Frau Nafzger die beiden Säckchen, also eines mit Schlemmkreide und ein anderes mit Zyankali verkauft habe. Nach kurzem Suchen konnte er sogar das Doppel des Kassazettels vorweisen. Frau Nafzgers Besuch in der Drogerie wurde übrigens auch von einer Verkäuferin mit Namen Helen Klein bestätigt. Frl. Klein sagte auch, dass sie sich wunderte, dass Frau Nafzger Zyankali gekauft habe. Allerdings hatte sie selbst nicht beobachtet, was Frau Nafzger eingekauft habe. Sie habe dies nur von Herrn Gysin vernommen, nachdem die Kundin den Laden schon verlassen hatte.

Frl. Borer machte sich natürlich ihre Gedanken zu dieser Darstellung der Geschehnisse. Sie überlegte sich, weshalb sie denn das Zyankalisäckchen erst gestern Samstag entdeckt habe. Vom Mittwoch bis gestern war nur das erste Säckchen mit Schlemmkreide im besagten Kästchen gelegen. Irgend etwas an dieser Sache kam ihr seltsam, ja fast ein wenig verdächtig vor. Nach ihrer Meinung musste dieser Franz Gysin lügen und auch Frl. Klein getäuscht haben. Angenommen Herr Gysin habe dies bewusst getan und darauf hin deutete ja einiges, so musste er mit dem Mörder in Verbindung stehen. Frau Nafzger war nach ihrer Meinung am Morde ganz unschuldig, d. h.

auf keinen Fall die Mörderin, denn sie wusste ja, dass Otto Fässler die Rolle ihres Gatten spielte. Je länger Frl. Borer darüber nachdachte, desto wahrscheinlicher schien ihr der Umstand, dass Franz Gysin in irgend einem Verhältnis, also einem Zusammenhang zum Mörder oder zur Mörderin stehen musste. Sie wollte sofort ihren Vater über diesen Verdacht verständigen. Vielleicht liesse er dann diesen Franz Gysin überwachen oder würde sonstige Nachforschungen in dieser Richtung anstellen. – Sie stellte die Abhorchanlage ab, öffnete den Riegel ihrer Türe, nahm ein Modejournal zur Hand und legte sich mit dieser Lektüre aufs Sofa. Sie hatte jetzt genug erfahren. Zu viele Nebensächlichkeiten verwirren nur und trüben die klare Sicht der Dinge. Sie sah jetzt klar. Franz Gysin war das erste Glied in der Kette, die zum Mörder führte. – Da klopfte es an die Türe. «Ja, bitte, kommen Sie nur herein», lud sie zum Eintreten. Es war Paul Märki, der an ihre Türe geklopft hatte und nun eintrat. «Frl. Borer, darf ich eintreten?» – «Bitte, Herr Märki, was haben Sie auf dem Herzen?» Frl. Borer hatte sich aufgesetzt, das Modejournal beiseite gelegt und bat Herrn Märki auf dem zierlichen Fauteuil Platz zu nehmen, was dieser auch gerne tat. «Frl. Borer», hub nun Paul Märki an, «wohin haben Sie das Zyankali getan, nachdem Sie es mit der Schlemmkreide vertauscht haben?» Sie zeigte auf einen niedlichen Sekretär und meinte: «Dort im Geheimfach unter der untersten linken Schublade des rechten Aufbaus. Soll ich es Ihnen herausholen?» – «Sie können es mir dann nachher geben, wenn wir runter gehen. Ich hätte noch ein paar Fragen an Sie. Wie Sie uns gesagt haben, weiss Frau Nafzger, dass der Ermordete ja gar nicht ihr Gatte, sondern dessen Doppelgänger, ein gewisser Otto Fässler ist. Da dieser Doppelgänger die Rolle von Dr. Nafzger schon längere Zeit spielte, wie Sie uns sagten, ist es undenkbar, dass Frau Nafzger diesen Mord ausführte, es wäre denn, sie wollte diesen Otto Fässler aus dem Wege schaffen. Können Sie sich irgend ein Motiv denken, welches Frau Nafzger veranlasst haben könnte, so zu handeln?» Hier hielt Märki inne und erwartete eine Antwort seines so hübschen und offensichtlich nicht minder klugen Gegenübers. Frl. Borer fiel es nicht schwer auf diese Frage zu antworten: «Es gibt kein mir bekanntes Motiv zu so einer Tat, Herr Märki. Auch kann ich mir nicht vorstellen, dass zwischen

Herrn Fässler und Frau Nafzger Spannungen bestanden hätten. Fässler war Junggeselle mit einem grossen geerbten Privatvermögen. Er war ein begeisterter Autorennsportler und hatte seinen ganzen Ehrgeiz in seinen Detektivberuf gesteckt, den er eigentlich als sein Hobby betrieb. Er war ein unermüdlicher Schaffer und sehr glücklich, mit meinem Vater zusammenarbeiten zu dürfen».

Bei diesen Worten hatte Frl. Borer irgendwie Mühe, ihre innere Ergriffenheit zu verbergen. Sie schien am traurigen Schicksal von Herrn Fässler sehr stark Anteil zu nehmen. Paul Märki fing es zu dämmern an, dass vielleicht erste unklare Ahnungen einer zart aufkeimenden Liebe Frl. Borer mit Herrn Fässler verbunden haben mussten. Frl. Borer schien sich ihrer Rührung nicht zu schämen. Doch man spürte, wie sie sich bemühte, wieder ganz gefasst und unbefangen zu erscheinen. Ihr so sanfter, strahlender Blick verriet diesmal ein wenig Scheu. Fast wie die ängstlich blickenden Augen eines aufgeschreckten Rehes. «Herr Märki, glauben Sie mir, dass ich es mit dem sichern Instinkt einer Frau spüre, dass Frau Nafzger diesen Mord nicht ausgeführt hat. Aber ich glaube, wie ich Kommissar Affolter und Ihnen auf Grund der Unterredung mit meinem Vater schon gesagt habe, dass man für diesen Mord Frau Nafzger verantwortlich machen will. Wer dies will, müssen wir herausfinden, wollen wir den Mörder oder die Mörderin fassen! Herr Märki, was denken Sie als erfahrener Polizist über das Geschlecht des Mörders? Glauben Sie aus irgendwelchen Gründen Hinweise darauf zu haben, dass der Täter eine Frau oder ein Mann ist?» fragte Frl. Borer nun ihrerseits Herrn Märki. – Dieser wurde einer Antwort enthoben, denn bei den letzten Worten waren Kommissar Affolter und Herr Klötzli ebenfalls ins Zimmer getreten. Kommissar Affolter, der die ganze Frage gehört hatte, antwortete für Märki: «Liebes Frl. Borer, der Täter ist mit grösster Wahrscheinlichkeit ein Mann, und zwar aus folgenden Gründen: Erstens handelt es sich um Giftmord. Für Giftmorde kommen als Täter praktisch immer Frauen in Frage, wenigstens nach der landläufigen Meinung der Männer. Zweitens: Der Täter will den Verdacht auf eine Frau, nämlich Frau Nafzger lenken. Damit will er einerseits auch sie vernichten und andererseits alle Spuren, welche auf ihn hinweisen könnten, verwischen. Drittens:», dozierte Kommissar Affolter weiter: «Nur ein Mann würde so vorgehen. Ich würde sagen, eine Frau als Täterin, würde schon aus Sicherheitsgründen einen Mann als Täter konstruieren. Eine Frau hätte also z. B.: Frau Nafzger umgebracht und den Verdacht auf ihren Mann gelenkt.» – Weder Klötzli noch Märki, noch Frl. Borer waren von dieser Argumentation überzeugt. Sie sagten dies auch ganz deutlich. Für sie war so eine Voraussage ganz willkürlich. Kommissar Affolter lachte nur herzlich und beschwichtigte sie: «Gut, wir werden ja sehen. Ich wette ein Nachtessen mit Angehörigen in der ‹Pfeffermühle› gegen euch alle. Nehmt Ihr an, ja, nein?» – «Ja, natürlich», lachten alle einstimmig. «Viertens: Jetzt kann ich es ja sagen, wir haben die Wette schon abgeschlossen», triumphierte Kommissar Affolter: «Sind etwa 70% aller Mörder Männer.» Hier stimmten die drei andern allerdings zu und heimlich merkten sie, dass der alte Fuchs Affolter sie wieder einmal in eine Falle gelockt hatte. Aber weder Klötzli noch Märki oder gar Frl. Borer liessen sich etwas anmerken, dies war Ehrensache. Gemeinsam gingen sie nun in den Salon zurück. Frl. Borer hatte das sichergestellte Zyankalisäckchen vorher noch an Märki ausgehändigt. Kaum hatten sie im Salon in den so bequemen Fauteuils Platz genommen, so ertönte die Hausglokke. Dieses Mal war es Frau Nafzger, die Einlass begehrte. «Frau Nafzger, die Herren von der Polizei sind wieder hier. Sie möchten nochmals mit Ihnen sprechen», meldete Frl. Borer.

Für Frau Nafzger schien dieser unerwartete Besuch nicht unangenehm zu sein, denn sie wandte sich sofort herzlich an die drei Herren: «Entschuldigen Sie bitte wegen gestern abend. Ich verstehe ja, dass es nur Ihre Pflicht ist, den Fall genau abzuklären und alle Eventualitäten mit in Betracht zu ziehen, auch diejenige, dass ich meinen Mann umgebracht habe. Nun, bitte stellen Sie mir ruhig Ihre Fragen. Ich bin bereit, Ihnen durch meine Antworten zu helfen, so viel und so weit ich nur kann.» – Kommissar Affolter entschuldigte sich irgendwie freundlich, machte einige allgemein verbindliche Komplimente an die Adresse der tapfern Witwe und fragte dann direkt: «Frau Nafzger, von wem haben Sie das gestern gefundene Säckchen Schlemmkreide in der Drogerie Bäumle gekauft?» – «Von Herrn Gysin, ich bin ganz sicher. Fragen Sie nur Frl.

Klein, die blonde Verkäuferin in der Drogerie Bäumle. Sie hat mich gesehen und kann sicher bezeugen, dass mich Herr Gysin bedient hat.» «Frau Nafzger, wir haben Herrn Gysin befragt. Herr Klötzli hier hat uns berichtet, dass Herr Gysin Ihnen nicht nur das Päcklein mit Schlemmkreide, sondern auch noch dasjenige mit Zyankali verkauft hat. Auch Frl. Klein hat dies bestätigt.» «Das ist eine gemeine Lüge, einfach lächerlich. Stellen Sie sich vor, Herr Kommissar, ich würde, wenn ich meinen Mann umbringen wollte, erstens das Gift in einer Drogerie kaufen, in welcher sie mich kennen und zweitens, ich würde besagtes Giftpäckchen dann noch in meinem Badezimmer verstecken, nachdem ich den tödlichen Inhalt in die Kapseln abgefüllt hätte. Nein, so dumm kann kein Mörder sein! Sie müssen sich etwas besseres einfallen lassen! Mit diesem ich noch persönlich abrechnen! Es ist eine Unverschämtheit, mich so zu verleumden! Dieser Mistfink von einem Verkäufer wird dies noch büssen müssen, das garantiere ich Ihnen, meine Herren.» – «Regen Sie sich nur nicht auf, Frau Nafzger, wir glauben Ihnen und wenn Herr Gysin uns belogen hat, so werden wir ihn wegen falscher Aussage einklagen. Doch zuerst lassen wir ihn seine Aussage unter Eid bestätigen. Dann sehen wir weiter.» – «Danke für Ihr Vertrauen, Herr Kommissar. Nun möchte ich noch sagen, dass die Beerdigung meines Mannes übermorgen auf dem Wolfgottesacker stattfinden wird. Herr Amsler, der beste Freund meines Mannes, hat alles so arrangiert. Ich bin sehr froh um Gottliebs Hilfe.» – Nach ein paar betont freundlichen und auch tröstenden Worten verabschiedeten sich Kommissar Affolter, Herr Märki und auch Herr Klötzli. Märki konnte es dabei nicht unterlassen, Frl. Borer ganz verstohlen zuzublinzeln, als dieses die drei Herren zur Türe begleitete.

Im Polizeihauptquartier herrschte Hochbetrieb. Die vorgestrigen Tageszeitungen, vor allem die Basler Zeitung, hatten in grossen Schlagzeilen vom Mord am Grossindustriellen Dr. Hans Nafzger berichtet. Wie eine Bombe hatte diese Nachricht in der Stadt am Rhein eingeschlagen. Vor und nach dem gestrigen Begräbnis war in allen Gruppen immer wieder über diese Tatsache diskutiert worden. Alle Klassenzusammenkunftsteilnehmer waren zum Begräbnis erschienen. Sie konnten es einfach nicht fassen, dass Hans nicht mehr unter ihnen war. Neben ihren Beileidsbezeugungen an Frau Nafzger versicherten ihr alle, dass sie alles ihnen nur mögliche unternehmen würden, um etwas zur Abklärung des gemeinen Verbrechens beizutragen.

Kommissar Affolter hatte Klötzli und Märki gemeinsam die Aufgabe übertragen, die einzelnen Klassenzusammenkunftteilnehmer zu befragen und Nachforschungen über evtl. Mordmotive in der Vergangenheit der einzelnen durchzuführen. Dies war eine grosse und sehr verantwortungsvolle Aufgabe, welche der Chef an seine beiden Mitarbeiter delegierte. Er wollte vorläufig keine Berichterstattung von ihnen, so dass sie in aller Ruhe ans Werk gehen konnten. – Klötzli und Märki machten sich voller Begeisterung an diese Aufgabe. Das war ein feiner Auftrag, ideal geeignet ihr in Polizeikreisen weiterum bekanntes Teamwork wieder einmal mehr zu beweisen. Märki, der ja dank Frl. Borer mit etwas mehr Vorkenntnissen an die Bearbeitung des Falles trat, wollte Klötzli gerne ein paar erste Rosinen lassen.

In der Zwischenzeit hatte Kommissar Affolter in einem Universitätsinstitut, welches gelegentlich besonders apparativ aufwendige Untersuchungen für das Polizeilabor durchführte mit Neutronenaktivierungsanalyse nachweisen lassen, dass die Identität des für die tödlichen Kapseln verwendeten Zyankalis mit der im Säckchen von der Drogerie Bäumle durch Frl. Borer sichergestellten Ware eindeutig bewiesen war. Die anorganischen Verunreinigungen wie Magnesium, Eisen und Kupfer waren bis auf 1/1000 bei beiden Mustern gleich, was bedeutete, dass das Zyankali aus dem gleichen Herstellungsprozess stammte. Zur Vollständigkeit hatte er auch ein Muster der betreffenden Lagerware aus der Drogerie Bäumle mituntersuchen lassen und den Befund nochmals bestätigt. Also als erste Tatsache wusste er nun, dass das tödliche Gift in den Kapseln aus der Drogerie Bäumle stammte. Zweitens wusste er jetzt, dass Frl. Borer die Wahrheit sagte, als sie erzählte, wie sie den Inhalt des Papiersäckchens sichergestellt und mit Schlemmkreide vertauscht habe. Übrigens hatte das Polizeilabor in diesem Säckchen neben der Schlemmkreide noch Spuren von Zyankali feststellen können. Kommissar Affolter war sehr befriedigt über die glatte Abwicklung dieser Untersuchungen. Alles verlief programmässig. Diesen Mörder würde er schon zur Strecke bringen und dem Polizeichef und den örtlichen Behörden und Mitbürgern einen prächtigen Beweis liefern für die Schlagkraft der Polizei, woraus eventuell wieder grünes Licht für einen Kredit zum Ausbau des Polizeilabors, eines seiner Steckenpferde, resultieren könnte. Zufrieden zündete sich der Kommissar eine Pfeife an und überlegte sich in aller Ruhe nochmals alle Vorkehrungen und Massnahmen, die er im Falle Nafzger angeordnet hatte. Es war sicher richtig, dass er Frau Nafzger und Frl. Borer dauernd überwachen liess. Wenn er genügend Leute zur Verfügung gehabt hätte, so hätte er auch Herrn Gysin überwachen lassen können. Irgendwie spürte Kommissar Affolter, dass er trotz Personalknappheit auch diesen Franz Gysin überwachen lassen musste und dass dieses Versäumnis eigentlich unentschuldbar war. Auch wenn es seine Mitarbeiter und Vorgesetzten als Folge der Personalknappheit entschuldigten.

Wie begründet und wichtig diese Vorsichtsmassnahme gewesen wäre, musste sich der Kommissar schon in der nächsten halben Stunde zähneknirschend eingestehen, als die Meldung einging, ein gewisser Franz Gysin, wohnhaft an der Rheingasse 31 b, sei tot aufgefunden worden. Sofort machte sich Kommissar Affolter auf den Weg zum Tatort. Er gab seiner Sekretärin, Frl. Höfler, die Anweisung, Klötzli und Märki mitzuteilen, dass sie so rasch als möglich an die Rheingasse zu Franz Gysins Wohnung fahren sollten. – Sieben Minuten später betrat Kommissar Affolter schon die im ersten Stockwerk der Liegenschaft Rheingasse 31 b gelegene Zweizimmerwohnung von Franz Gysin.

Was sich Kommissar Affolters Blicken darbot, liess ihn vor Grimm fast seine Pfeife im Munde zerbeissen. Noch nie in seinem langen Berufsleben war er mit so einer grauenhaften Mordtat konfrontiert worden. Auf dem Sofa vor ihm lag die Leiche von Franz Gysin. Der Kadaver eines Aals hing ihm aus dem weit geöffneten Munde. Blitzschnell erfasste Kommissar Affolter die ganze Situation. Franz Gysin war an einem fast einen Meter langen Riesenaal, der sich aus eigener Todesangst in den Mund und Rachen von Herrn Gysin zu flüchten versuchte, auf furchtbare Art und Weise erstickt. Der Mörder oder die Mörderin musste mit irgend einem Trick den noch lebenden Aal Franz Gysin vor den Mund gehalten haben, und als dieser vor Schrecken zu schreien begann, den Aal gezielt in dessen Mund flüchten lassen. Man sah, dass Franz Gysin sich ganz verzweifelt gewehrt haben musste, aber der Aal war im ersten Moment der stärkere. Beide kämpften von Anfang an hoffnungslos um ihr Überleben. Beide waren sie zum Vornherein dem sichern Tode geweiht. Nur ein Scheusal konnte sich so etwas ausdenken und dann erst noch durchführen.

Für Kommissar Affolter war es schlagartig klar, dass dieser Mord mit demjenigen von Hans Nafzger unbedingt zusammen hängen musste. Nur war ihm nicht klar, ob es ein und derselbe Mörder war. Dieser zweite Mord erschien ihm viel grausamer und deutete auf einen unglaublich perfiden und äusserst gefährlichen Täter hin!

Der Polizeibeamte, welcher Franz Gysins Leiche als erster entdeckt hatte, berichtete, dass er bei seinem Eintritt in das Zimmer einen Mann auf dem Sofa mit einer aufgeschlagenen Zeitung über dem Gesicht angetroffen habe, nachdem er vom Wohnungsnachbarn alarmiert worden war. Die Zeitung mit der das Gesicht des Opfers zugedeckt war, war das vom Vortage datierte Lokalblatt. Was aber geradezu unheimlich erschien, war die Tatsache, dass jemand im Inseratenteil - ganz sicher dem Mörder bewusst - ein Inserat heraus geschnitten hatte. Wollte man die Polizei mit so einem plumpen Trick auf eine Fährte locken, womöglich auf eine ganz falsche? Oder war dies einfach Zufall? - Was sollte das bedeuten? - Kommissar Affolter versuchte so rasch als möglich, diesen so unheimlich wirkenden Tatort zu verlassen. Er wollte allerdings noch die Ankunft von Märki oder Klötzli oder eventuell von beiden abwarten.

Da tauchten seine Mitarbeiter wie gewünscht in der Wohnung von Franz Gysin auf. «Guten Tag, meine Herren», begrüsste sie der erleichterte Kommissar Affolter. «Bitte, schaut hier zum Rechten. Ich brauche Euch keine speziellen Anweisungen zu geben. Ihr wisst Euch selbst zu helfen. Kommt nachher zum Rapport bei mir im Büro vorbei. Auf Wiedersehen!» und weg war er. «Der hat es aber eilig», hörte er Klötzli noch zu Märki sagen, dann war Kommissar Affolter draussen und verliess eiligen Schrittes - ganz mit seinen Gedanken beschäftigt - die Liegenschaft Rheingasse 31 b. Als er sich etwa eine Viertelstunde später mit der Münsterfähre «Wilde Maa» von der

Kleinbasler Seite zur Pfalz übersetzen liess, überdachte er noch einmal all das Vorgefallene. Ja, ja, dass er diesen Franz Gysin nicht hatte überwachen lassen, war ein Riesenfehler gewesen. Aus Erfahrung wusste er, dass man selten einen Fehler alleine macht und, dass er jetzt auf der Hut sein musste, um den nächsten Fehler zu vermeiden! Er lauschte auf die Stimme seines Herzens – wie er es sich selbst gegenüber in Gedanken jeweils ausdrückte – und versuchte dieser innern Stimme zu folgen. Diese führte ihn zu Gottlieb Amsler. D. h. der Gedanke, einen Besuch auf dessen Hof abzustatten, war ihm plötzlich eingefallen. Kommissar Affolter wusste seit seiner Jugend, dass es so etwas gab, wie den diskursiven Verstand – Schon der grosse Johann Keppler wusste persönlich darum, Getraute sich jedoch nicht, dieses sein persönlich viertes Gesetz – wie nur wenige wissen – mangels exakt naturwissenschaftlicher Beweise, offiziell der Nachwelt bekannt zu geben.
Kommissar Affolter beschloss jetzt einfach, anstatt in sein Büro am Spiegelhof zu gehen, Gottlieb Amsler einen Besuch auf dessen Bauernhof abzustatten. Kurz entschlossen bestieg er bei der Tramhaltestelle Schifflände einen Tramzug der Linie Nr. 6 in Fahrtrichtung Riehen. Bei der Haltestelle Eglisee verliess er den Tramwagen, um zu Fuss weiterzugehen.
Es war eine Fügung des Schicksals, wie sich später herausstellte, denn als Max Affolter sich dem Hofe von Gottlieb Amsler näherte, bemerkte er sofort, dass irgend etwas Aussergewöhnliches vorgefallen sein musste. So waren fünf Privatwagen vor dem Bauernhofe parkiert. In einem der Wagen erkannte Kommissar Affolter ganz eindeutig den silbergrauen Jaguar von Prof. Pfäffli. «Was mochte hier wohl geschehen sein», fuhr es dem Kommissar durch den Kopf. Er beschloss jedenfalls auf der Hut zu sein und sich auf alles, aber auch gar alles gefasst zu machen.
Als erstes entsicherte er seine Dienstpistole, eine zweite Schusswaffe, einen Browning, machte er ebenfalls schussbereit und steckte sie in seine linke Jackentasche. Zum Glück war er von klein an gewohnt, seine beiden Hände gleich geschickt zu gebrauchen. – Was war das? Fast wäre Kommissar Affolter über den prächtigen Wolfshund von Gottlieb Amsler gestolpert. Das prächtige Tier lag wie tot quer über dem Nebenzugangsweg zum Amsler'schen Hofe. Fast unbewusst

nahm Max Affolter wahr, dass irgend ein Vogel, war es eine Amsel oder nur ein Sperling, sich auf dem etwa 100 m vor ihm parkierten Mähdrescher im Fahrersitz plaziert hatte. Gleichzeitig bemerkte er, dass Pietro, der Riesenkater vom Amsler'-schen Hofe, sich an sein ausgewähltes Opfer heranschlich. Ein Sprung und ein Feuerblitz, gefolgt von einem mächtigen Donnerschlag zerrissen die friedliche Stille. Der Mähdrescher war zu einem Schrotthaufen geworden. Vom Vogel und seinem Jäger Pietro war nichts mehr zu finden. Kommissar Affolter war spontan in Deckung gegangen, d.h. er hatte sich platt auf den Boden geworfen. Als er jetzt aufblickte, rekapitulierte er sekundenschnell, was geschehen war. Der Kater Pietro war auf den Fahrersitz des Mähdreschers gesprungen, um die so lockend in Aussicht gestellte Beute zu erhaschen. Dabei musste er mit seinem Gewicht den Zündmechanismus einer am Mähdrescher angebrachten Bombe ausgelöst haben. Wem diese Bombe in Wirklichkeit gegolten hatte war leicht zu erkennen, denn Gottlieb Amsler pflegte seinen Mähdrescher immer selbst zu fahren!

Kommissar Affolter wandte sich nun dem unmittelbar vor ihm liegenden Wolfshund Cappi zu. Er fand in dessen Fell immer noch die Spritze, welche als Spezialgeschoss – aus sicherer Entfernung abgefeuert – die Betäubung und damit die Neutralisation des treuen Wächters verursacht hatte.

Praktisch gleichzeitig waren, durch den Explosionslärm aufgeschreckt, Gottlieb Amsler und seine Besucher aus dem Hause gestürzt, um zu sehen, was geschehen war. Gottlieb Amsler erkannte sofort den Kommissar und rannte auf diesen zu: «Herr Kommissar, wissen Sie, was geschehen ist? Haben Sie jemanden verfolgt?» – Dann realisierte auch er: «Ganz klar, es ist ganz klar, dass dieser Anschlag mir gegolten hat! Dieser verdammte Mörder von unserem lieben Hans Nafzger! Wehe ihm, wenn ich diesen Teufel erwische!» Kommissar Affolter hatte Verständnis für den grimmigen Wutausbruch von Gottlieb Amsler, der sich irgendwie Luft machen musste, um nicht – bildlich gesehen am Kummer und Sorgen hinunterwürgen, – zu ersticken.

Kommissar Affolter erwies sich jetzt als absoluter Herr der Lage. Als einzig ruhender Pol liess er mit Umsicht die Feuerwehr und die Polizei alarmieren. Er erkundigte sich, ob im lichterloh brennenden Schuppen noch explosive Lösungsmittel, wie Treibstoffe usw. gelagert seien. Als dies Gottlieb Amsler verneinte, rückte er selbst mit einem der beiden Staublöscher, welche auf dem Amsler'schen Hofe jederzeit zur ersten Brandbekämpfung bereit waren, dem Feuer zu Leibe. Gottlieb Amsler tat ein gleiches. Prof. Pfäffli und die weitern Besucher legten ebenfalls Hand an. Sie rollten zwei Gartenschläuche heran und bekämpften mit dem Nass aus diesen Leitungen ihrerseits das Feuer. Noch bevor die alarmierte Feuerwehr eintraf, war das offene Feuer gelöscht. Die Feuerwehrleute übernahmen dann die restliche Arbeit und erstickten noch die letzten glimmenden Gluten.

Mittlerweile war auch die Polizei angerückt und nahm die nötige Tatbestandsaufnahme vor. Dabei hatte sich auch ein Polizist um den scheinbar eingeschläferten Cappi bemüht. Er stellte jedoch nur noch den Tod des prächtigen Tieres fest. Gottlieb Amsler kam hinzu. Erst jetzt erfasste er den Verlust seines so treuen Begleiters und stets so aufmerksamen Wächters. Er liess sich nieder und streichelte noch ein letztes Mal den immer noch etwas warmen Kopf seines toten Wolfshundes. Was er dabei empfunden und gedacht hat, liess er niemanden wissen.

Äusserlich ruhig lud er Kommissar Affolter spontan ein zur Teilnahme an der – durch die Explosion – so dramatisch unterbrochenen Besprechung. In der Wohnstube angekommen stiess er auf die vom Vorgefallenen immer noch stark beeindruckten übrigen Besucher. Er spürte, dass alle hier genau wussten, wer er war. Ohne grosse Worte reichte Gottlieb Amsler dem Kommissar einen Brief zum lesen. Der Brief war das Thema der hier zusammengekommenen Diskussionsrunde und lautete wie folgt:

EINSCHREIBEN
EXPRESS

Klassenkameradinnen,
Klassenkameraden,
Hausarzt Prof. Pfäffli,

ich, Hans Nafzger, Ihr ehemaliger Schulkamerad (bzw. Patient) will künftig mit keinem von Ihnen jemals noch etwas zu tun haben. Für Sie bin ich und für mich sind Sie gestorben! – Nur damit Sie es wissen, an unserer letzten Klassenzusammenkunft wurde ein Doppelgänger von mir ermordet!

P. S. geht an alle Teilnehmer der Klassenzusammenkunft und Herrn Prof. Dr. med. Pfäffli

Kommissar Affolter las diesen Brief mit grösstem Erstaunen. – Es schien ihm ganz unmöglich, dass ein Mensch, wie Dr. Hans Nafzger, so etwas schreiben konnte. «Aber es gibt eben nichts, was es nicht gibt», hatte schon sein Urgrossvater mütterlicherseits gesagt.
Der Brief war auf dem persönlichen Schreibpapier von Dr. Hans Nafzger mit Schreibmaschine geschrieben und handschriftlich unterzeichnet.
«Herr Kommissar Affolter, – mein Name ist Annarosa Schell, so etwas ist doch nicht möglich. Das darf doch nicht wahr sein. Bei unserer Klassenzusammenkunft war der richtige, also unser Hans Nafzger mit dabei und sicher kein Doppelgänger. Ein Dutzend Jugendfreunde kann man nicht so täuschen! Oder was glauben Sie?» – Kommissar Affolter, der die Sprecherin auch ohne, dass sie ihren Namen noch speziell gesagt hätte, erkannt hatte, meinte nur: «Sie, als Berufsschauspielerin können dies sicher besser beurteilen als wir Laien», fast hätte er noch hinzugefügt: «In der Kunst der Verstellung.» Aber er konnte diese unangebrachte Bemerkung zum Glück noch für sich behalten. Diese Antwort gefiel niemandem der Anwesenden richtig. «Zweifelte der Kommissar ebenfalls an der Identität des Ermordeten?» – Jan Petersen griff nun ein und sagte, dass es ganz unmöglich sei, dass jemand eine Doppelgängerrolle so gut spielen könnte, dass er einen Kreis so

vertrauter Menschen täuschen könnte. Und wirklich, keinem der hier Anwesenden war an besagtem Abend etwas Sonderbares am Verhalten ihres ehemaligen Klassenkameraden aufgefallen. Gottlieb Amsler war bereit, jede Wette abzuschliessen, dass sein bester Freund Hans Nafzger an jenem Abend ermordet wurde. Blitzartig schoss ihm der Gedanke durch den Kopf, dass Cappi – welcher mit seiner Hundenase den richtigen Hans Nafzger ja gut gekannt hatte, – zur Identifizierung oder eben Nichtidentifizierung des angeblich noch lebenden Dr. Hans Nafzger nicht mehr beigezogen werden konnte. «Wurde Cappi etwa in diesem Zusammenhange umgebracht? Also aus dem Grunde, dass man den falschen Hans Nafzger nicht mehr identifizieren konnte?» liess er alle hören. So etwas war kaum zu glauben. Es gab ja viele andere Möglichkeiten, um die Identität einer Person festzustellen. – An den obigen Ausspruch jedoch werden alle Anwesenden noch manchmal zurückdenken müssen, wie die Zukunft zeigte. Doch vorerst erschien ihnen alles bezüglich Abklärung der Identität des Ermordeten, bzw. des noch lebenden Hans Nafzgers unproblematisch. Wie so oft im Leben ist der erste und naheliegendste Gedanke auch der richtige!

Kommissar Affolter dachte nochmals zurück an das erste Mal, als er von einem Doppelgänger an Stelle von Hans Nafzger gehört hatte. Frl. Marie-Thérèse Borer hatte Paul Märki und ihm am Tage nach dem Morde im Nafzgerschen Weekendhaus ja schon davon gesprochen. Märki hatte in der Zwischenzeit alles genau abgeklärt und war zur Überzeugung gelangt, dass der echte Dr. Hans Nafzger ermordet worden sei. Die Fingerabdrücke auf der Pfeife, welche Hans Nafzger an jenem Klassenzusammenkunftsabend rauchte, waren diejenigen des Ermordeten. Auch jene auf der Pfeife, die Märki auf Affolters Geheiss hin in der Nafzgerschen Villa beim morgendlichen Besuch – sobald von einem Doppelgänger die Rede gewesen war – sichergestellt hatte, wie auch die Fingerabdrücke am Weinglas des Opfers waren alle identisch. Überdies hatte Märki alle Klassenkameraden einzeln so nebenbei gefragt, ob ihnen an jenem letzten Zusammensein an Hans Nafzger etwas spezielles aufgefallen sei. Und ausnahmslos alle hatten ihm versichert, Hans wäre, wie sonst immer durch und durch der alte gewesen.

Affolter und Märki hatten über diese bisher nur ihnen bekanntgegebene Existenz eines Doppelgängers Dritten gegenüber geschwiegen. Also auch Klötzli wusste von der Sache nichts, wenigstens nicht durch sie. Kommissar Affolter war gespannt, in welchem Moment Frau Irene Nafzger auf Grund ihres Wissens, den Doppelgänger mit ins Spiel bringen würde.

Der Kommissar verliess schon bald den Amsler'schen Hof, nicht ohne den immer noch angeregt diskutierenden Klassenkameraden von Hans zu sagen, sie sollten sich doch ein paar Identifizierungsmöglichkeiten für den echten Hans Nafzger ausstudieren. Er meinte dies mehr im Spass als aus echter Überzeugung. – Wie froh er bald darüber sein würde, wenigstens diesen Auftrag gegeben zu haben, dachte er allerdings nicht im Geringsten.

Kommissar Affolter ahnte nichts Gutes als ihm – im Büro angekommen – seine Sekretärin, Frl. Höfler, meldete, der Polizeidirektor persönlich habe ihn gesucht und ausrichten lassen, er möge doch nach der Rückkehr unverzüglich mit ihm Kontakt aufnehmen. Kommissar Affolter – durch die Erlebnisse der letzten Stunden inspiriert – glaubte zu wissen, was sein Chef diesmal von ihm wollte. Und wie recht hatte er! Sobald sich Kommissar Affolter telefonisch gemeldet hatte, liess ihn der Polizeidirektor zu sich rufen.

Freundlich wie immer, aber irgendwie eiskalt, meinte dieser: «Herr Affolter, Sie werden auch langsam älter. Da ist es ganz natürlich, dass die Kräfte schwinden! Und nicht nur die körperlichen! Ich glaube, Sie haben einen längeren Erholungsurlaub verdient! Der Fall ‹Nafzger› hat Sie zu stark strapaziert! – Jetzt ist ja eine dramatische Wende eingetreten. Dr. Nafzger lebt. Ein Doppelgänger wurde an seiner Stelle ermordet. – Tja, gut, so ein aussergewöhnlicher Fall liegt eben ausser jeder Routine. Da braucht es junge Kräfte. Ihre Mitarbeiter Herr Märki und auch Herr Klötzli sind eben nicht solche Geistesriesen, wie Sie mir immer weis machen wollten.» – Kommissar Affolter wollte den Vorwurf seines Chefs parieren. Doch dieser sagte nur: «Bitte, Herr Affolter, studieren Sie dieses Dossier. Prächtige Arbeit, solche jungen Kräfte sollten wir mehr haben! Auf Wiedersehen.» Dann griff der Polizeidirektor schon zum Telefon, um eine nächste jetzt dringende Angelegenheit zu erledigen.

Kommissar Affolter nahm das sicher fingerdicke A4-Dossier entgegen. Heimlich ballte er die Faust im Sacke und verliess mit einem verstellt freundlichen Gesicht das Büro seines jetzt schon wieder anderseits beschäftigten Chefs.

Jetzt musste er sich erst beruhigen. Es war eine Schande, wie heutzutage die Mitarbeiter behandelt werden konnten. Alles korrekt, aber eben lieblos und unmenschlich. Der Polizeidirektor war erst etwas mehr als fünf Jahre im Amt. Sie hatten sich gegenseitig nie speziell gemocht. Aber so etwas hatte Affolter noch nie entgegennehmen müssen. – Allerdings hatte er von Kollegen schon gehört, wie unangenehm es sei, wenn man eines Fehlers wegen zum Big Boss zitiert würde. Kein lautes Wort, keine Emotion, nur scheinbare Sachlichkeit. Das Ideal der kommenden professionellen Managergeneration, wie einige wenige jedoch massgebende Leute dachten. In diesen Kreisen der Haie – das spürte Affolter instinktiv – galt jeder Nicht-Hai als Köder. – Aber Kommissar Affolter hatte sich jetzt wieder gefasst. So schnell war der Sohn seines Vaters mit keltischer Urabstammung doch nicht zu erledigen. Er zog sich in sein Büro zurück, sagte Frl. Höfler, dass er nicht gestört werden wollte und vertiefte sich in das eben erhaltene Dossier. Der Autor war einer der geschliffenen jungen Hochschulabsolventen in Betriebswissenschaft, der professionell gelernt hatte mit den «andern» umzugehen, um selbst gross dazustehen. Solche Methoden machten heutzutage Eindruck, wenigstens auf den jetzigen Polizeidirektor. – Ob es wohl überall im heutigen Wirtschaftsleben so zu ging? – Es war zu befürchten. Affolter begann – ganz entspannt – seine Lieblingspfeife rauchend, mit der Lektüre des ihm schon zum Vornherein erscheinenden Dossiers. Nach fast einer Stunde kam er zu Frl. Höfler und bat sie, ihm einen Kaffee zu servieren. Seine Sekretärin machte dies sehr gerne, denn es wurden so immer noch ein paar persönliche Worte gewechselt und man fühlte sich in dieser Atmosphäre als Mensch wohl. Frl. Höfler merkte mit ihrem fraulichen Instinkt, dass ihr Chef irgendwelchen Ärger hatte und wollte ihn gerne davon ablenken. «Herr Affolter, haben Sie mir diesen Reisekatalog in diesem EILIG-Kuvert aufs Pult gelegt? Ich freue mich sehr auf die Ferien. Man hat heute schon viel mehr Ferienmöglichkeiten als zu Ihrer Jugendzeit.» – Kommissar Affolter begriff sofort, dass die Zustellung des Reisekatalogs ihm gegolten hatte. Aber er wollte Frl. Höfler nicht in diese Angelegenheit zwischen ihm und seinem Chef hineinziehen und tat deshalb so, als ob er gar nichts wisse und davon überhaupt keine Ahnung habe, wer den Reisekatalog mit der internen Post der Polizeiverwaltung zugestellt hätte. Frl. Höfler ihrerseits war nun aber überzeugt, dass Kommissar Affolter ihr damit eine kleine Aufmerksamkeit erweisen wollte, ohne sich jedoch dabei ertappen zu lassen.

Nun zum Inhalt des besagten Dossiers! Einem unvoreingenommenen, neutralen und den vorgefallenen Sachverhalt nicht kennenden Leser schien alles auf Grund der minuziösen Abklärungen eindeutig klar zu sein. Es lagen neben vergleichenden Fingerabdrücken, wie sie gewisse Einwanderungsbehörden fordern auch noch ein Attest des Zahnarztes bei, welcher Dr. Hans Nafzger jeweils behandelt hatte. Dieses Attest war mit Röntgenbildern der beidseitigen Ober- und Unterkieferzahnreihen belegt. Ebenso hatten ein paar prominente Bekannte von Dr. Hans Nafzger die Identität des noch Lebenden bestätigt. Affolter kam nicht aus dem Staunen heraus. War es wirklich möglich, dass so ein Unsinn glaubhaft dargestellt werden konnte? Er musste zugeben, dass der Bericht klar und eindeutig abgefasst war, so dass ein unvoreingenommener Leser kaum an der Aussagekraft des zusammengestellten Beweismaterials zweifeln konnte. – Affolter überlegte lange, was er tun sollte. Hatte es einen Sinn zu protestieren und alles was Märki seinerseits jetzt quasi an Gegenbeweisen zusammengetragen hatte, dem Polizeidirektor zu melden? Oder aber war er wirklich älter geworden und nicht mehr bereit, für das als richtig Erkannte bis zum letzten zu kämpfen? – Affolter glaubte, dass er jetzt Klötzli und Märki ganz in diese Angelegenheit einweihen musste.

Am nächsten Morgen beim Tagesrapport legte er seinen beiden engsten Mitarbeitern den ganzen Fall dar. Klötzli staunte, dass er nicht in die Doppelgängervariante eingeweiht worden war. Aber er verstand es! – Märki war empört über das Dossier. Er konnte einfach nicht glauben, dass diese Abklärungen der Wahrheit entsprechen konnten. Er selbst hatte ja – mit an Sicherheit grenzender Wahrscheinlichkeit – wie es so schön hiess, das glatte Gegenteil bewiesen! Im weiteren Verlauf der Diskussion kamen die drei überein, dass es jetzt höchste Zeit sei, Frau Irene Nafzger zu verhaften und in Untersuchungshaft zu setzen. Sie hatte ja die Angelegenheit mit dem Doppelgänger verschwiegen. Kommissar Affolter übernahm voll die Verantwortung für diesen Entscheid, der sich im Nachhinein als katastrophaler Fehler erwies.

In der Zwischenzeit war eine ganze Woche verstrichen. Irene Nafzger war in Untersuchungshaft gesetzt worden und dort plötzlich gestorben. Es war eine unglückliche Angelegenheit sondergleichen! Die Polizei fand in ihrem Nachlass ein mysteriöses Schreiben. Darin gestand die Verstorbene irgendwie eine Beteiligung am Morde im Nafzgerschen Weekendhaus. Doch wir wollen den Wortlaut dieses Schreibens hier wiedergeben:

«Wenn Sie diese Zeilen lesen, werde ich höchstwahrscheinlich nicht mehr leben. Die Geschichte, die ich hier berichten will, reicht zurück bis ins zweite Jahr meiner Ehe mit Hans Nafzger. - Gottlieb Amsler hatte sich damals irgendwie in mich verliebt. Er war frisch geschieden von seiner streitsüchtigen Frau. Gottlieb, den ich gut mochte, machte mir den Vorschlag, meinen Gatten Hans zu beseitigen, um dessen Vermögen zu erben und dann mit ihm, also Gottlieb, ein neues Leben ohne jegliche finanziellen Sorgen zu beginnen! Der Gedanke gefiel mir sofort. Bei einer Bergwanderung versuchte ich, Hans über eine vorrekognoszierte Felswand hinunter zu stossen. Leider misslang mir dieses Unternehmen. Ich könnte mich heute deswegen noch ohrfeigen! Im Nachhinein musste ich alle nur erdenklichen Ausreden erfinden, um Hans, der wirklich zu Tode erschrocken war, zu überzeugen, dass es einfach ein unglücklicher Zufall gewesen war. Dass es mir plötzlich schwarz vor den Augen geworden sei und ich nichts mehr wüsste. Erst später sei ich wieder zu mir gekommen. - Hans glaubte mir schliesslich diese Aussage, aber er änderte das Testament ganz zu meinen Ungunsten ab. Ich weiss heute noch nicht, wer ihm dazu geraten hat. Aber gut, Hans war irgendwie mir gegenüber doch misstrauisch geworden. Er vermachte gemäss dem neuen Testament - bis auf einen kleinen Pflichtteil für mich - sein ganzes Vermögen nach seinem Ableben seinem, wie der Trottel meinte, besten Freund Gottlieb Amsler. - Heimlich lachten Gottlieb und ich über diese Testamentsänderung, denn in der Praxis kamen wir beide auch so in den Genuss von Hansens ganzem Vermögen. – Wir studierten einen neuen Mordplan. Gottlieb hatte die Idee mit den Zyankalikapseln. Das Zyankali beschaffte ich mir in der Drogerie Bäumle. Obwohl mir Herr Gysin versprach, niemandem etwas davon zu erzählen, redete er der Polizei gegenüber. Deshalb musste ich ihn bestrafen. Es war grauenhaft, wie er mit dem Aal gekämpft hat. Ich hatte meine Genugtuung für die Bestrafung seiner Aussage! Leider ist aber nicht Hans, sondern sein Doppelgänger ans Klassenfest gegangen, obwohl mir Hans ganz ausdrücklich versichert hatte, dass er und nicht sein Doppelgänger an dieses Fest gehen werde. Die Geschichte mit dem Doppelgänger fing Hans an, nachdem er durch Briefe mit Mord bedroht wurde. Die Drohbriefe sind übrigens alle von Gottlieb Amsler geschrieben. Er hatte zu diesem Zwecke eine Occasionsschreibmaschine auf einem Flohmarkt gekauft. – Gottlieb hätte, weil er ja eingeweiht war, mit allen Mitteln verhüten müssen, dass der Doppelgänger, also dieser Otto Fässler, die Zyankalikapseln schluckte. Gottlieb, der ja Hans gut kannte, konnte doch nicht, wie er mir weismachen wollte, geglaubt haben, der echte Hans Nafzger sei am Klassenfest unter ihnen. Dafür habe ich ihn jetzt aber auch bestraft! Ich habe ihm eine Bombe gelegt. Er wird nur noch einmal auf seinen Mähdrescher sitzen. Gottlieb wollte sicher Hans beerben, auch wenn die Polizei meine Schuld am Morde bei der Klassenzusammenkunft herausfinden würde. Auch er wollte mich betrügen, aber auch ihn wird es bald erwischt haben!

Ich bin ganz verwirrt, seit Hans mir beim gestrigen Treffen gesagt hat, dass er jetzt der Polizei seinen Verdacht bezüglich mir erzählen werde, nachdem er seine Identität der Polizei gegenüber schon belegt habe und diese über den Tod des falschen Hans Nafzger, alias Otto Fässler, bestens im Bilde sei.

Oh, hätte ich doch damals kaltblütiger und entschiedener gehandelt und Hans mit meiner ganzen Kraft über die Felswand hinabgestossen!»

Irene Nafzger

Der Polizeidirektor hatte sich bei der Entwicklung dieser Dinge in den letzten Tagen persönlich in die Abklärung des Falles Nafzger eingeschaltet. Kommissar Affolter liess er ausrichten, dass der Fall Dr. Nafzger für ihn und seine unmittelbaren Mitarbeiter, also Klötzli und Märki erledigt sei! Bei Gelegenheit würde er ihm dann den Abschlussbericht zur Kenntnisnahme zukommen lassen. Im übrigen wünsche er ihm einen recht schönen Erholungsurlaub. Vor sechs Monaten brauche er sich nicht mehr zur Arbeit zu melden. Finanziell sei alles grosszügig geregelt. Pünktlich erhalte er jeweils sein volles Salär auf sein Lohnkonto.

Für Kommissar Affolter war dies ein harter Schlag. Er fühlte sich in seiner Berufsehre zutiefst verletzt. Zum Glück hielt seine Gattin so treu zu ihm. Sie machte ihm nicht den leisesten Vorwurf. Im Gegenteil, sie war glücklich, einmal so lange mit ihrem Mann Ferien machen zu können.

Auch Klötzli und Märki hielten treu zu ihrem Chef. Sie machten ihm ihrerseits Mut und versicherten ihm, dass sie noch heute überzeugt seien, alles nach bestem Wissen gemacht zu haben. Das Schicksal habe ihnen hier übel mitgespielt und ein bisschen Glück brauche eben jedermann. Andererseits käme die Wahrheit immer an den Tag. Die beiden Detektive erzählten ihrem Chef dann leicht schmunzelnd, dass sie zur «Weiterbildung» für ein halbes Jahr im Austausch in eine andere Stadt versetzt worden seien. Ein Bahnabonnement für den Pendelverkehr sei in dieser Vereinbarung inbegriffen, so dass sie diese «Weiterbildung» als eine Art Erholungsurlaub auffassen könnten. Auch ihre Familien würden diese zeitweise Trennung gut zu überbrücken wissen.

Kommissar Affolter suchte noch Gottlieb Amsler auf. Aber auf dem Hofe liess man ihn ziemlich unfreundlich wissen, dass Gottlieb Amsler sich in Untersuchungshaft befinde.

Prof. Pfäffli seinerseits hatte die übrigen Klassenkameradinnen und -kameraden zusammengerufen, um ihnen die Ungeheuerlichkeit der jüngsten Geschehnisse bei der offiziellen Abklärung des Mordfalles Nafzger aus seiner Sicht mitzuteilen. Prof. Pfäffli betonte, dass es eine Schande sei, dass Gottlieb Amsler auf so einen perfiden noch unbewiesenen Vorwurf hin verhaftet werden konnte. Alle Anwesenden pflichteten ihm bei. Praktisch ein jeder verbürgte sich für die Unschuld von Gottlieb Amsler. Dass Kommissar Affolter ebenfalls «neutralisiert» worden war, sickerte bei dieser Zusammenkunft bruchstückweise durch.

Diese Freunde von Gottlieb Amsler beschlossen nun alles zu

unternehmen, um im Mordfalle Nafzger Klarheit zu schaffen!
Was dies in Wirklichkeit hiess, konnte nur ein Insider dieses
Clans wissen. Jan Petersen wurde zum Anführer dieser
Ad-hoc Aufgabe ernannt. Als erste Vorausmassnahme verlangte er von allen übrigen Mitgliedern dieser verschworenen
Gesellschaft, dass jedes – ganz unkoordiniert – mit allen Mitteln versuchen müsse, mit Gottlieb Amsler in Kontakt zu kommen. Ihr Freund sollte wissen, dass sie ihm helfen wollten! In
einer Woche wollte man sich wieder treffen. Der Ort und die
Zeit dieses Zusammentreffens solltenerst im letzten Moment
telefonisch bekanntgegeben werden.
Innerlich stolz und teilweise wieder in ihre Jugendzeit zurück-
versetzt, trennte sich die vor unbändigem Unternehmungs-
drang kaum noch in Schranken zu haltende Amateurdetektiv-
gruppe.
Jan Petersn war ein glänzender Organisator und ein geborener
Generalist. Genau das, was es brauchte, um eine solche Gruppe – fast einen Familienclan – zu führen. Er war ein Naturta-
lent bezüglich Leute aus eingefahrenen Bahnen zurück zu
pfeifen und von ihnen ihren speziellen Beitrag zur Erreichung
des ganzen Unternehmensgeschehens zu verlangen. Prof.
Pfäffli, der sich aus Überzeugung als einziger Nichtklassenka-
merad dieser Gruppe anschloss, staunte ob so viel echter – sicher schon seit mehr als 100 000 Jahren spielender Regeln der
Menschlichkeit. Solches altruistisches Handeln gab es nur bei
der Gattung Homo. Er wollte lieber in dieser Gruppe mitspie-
len als im Team des Polizeidirektors dachte er, als er das
eigentlich todernste Unternehmen in Gedanken auf eine eher
spielerisch sportliche Wettkampfebene hinab transformierte.
Noch gleichentags ging Jan Petersen aufs Polizeipräsidium
und verlangte mit dem Herrn Polizeidirektor persönlich zu
sprechen. Als er ein Stichwort bezüglich seines Vorsprechens
geben musste, meinte er nur ganz lakonisch: «Nafzger.»
Nachdem er sich mit seinem Pass legitimiert hatte, wurde er
beim Polizeidirektor vorgelassen. Nach der üblichen Begrüssung meinte dieser: «Also, Herr Petersen, Sie kommen wegen
des Mordfalles Nafzger zu mir. Was möchten Sie mir sagen?»
– Zum Erstaunen und zum grossen Missfallen des Polizeidirektors antwortete Jan Petersen: «Herr Direktor, ich bin ein
Klassenkamerad von Gottlieb Amsler. Ich war persönlich da-

bei an jenem Abend, als Hans Nafzger ermordet wurde! Ich wollte Ihnen nur sagen, dass ich kein Verständnis für irgend eine noch so plausible Erklärung hätte, dass Herr Amsler in der Untersuchungshaft gestorben sei, wie das gerade letzthin bei Frau Irene Nafzger geschehen ist. Das ist alles, was Ich ihnen sagen wollte.» Der Polizeidirektor war verärgert. Sollte dies gar eine Drohung sein? Äusserlich liess er sich nichts anmerken. Er konnte ja mit Leuten, wie dieser Petersen einer zu sein schien, umgehen. Er hatte ein grosses Repertoire von bewährten Möglichkeiten zur Konfliktbewältigung jederzeit bei der Hand. Diesen Herrn Petersen wollte er – wie es so schön hiess – ins Leere laufen lassen und ihn dann in die Enge treiben. «Sie wissen mittlerweilen, doch sicher, Herr Petersen, dass ein Doppelgänger, ein Herr Fässler, an Stelle von Herrn Dr. Nafzger ermordet wurde?» Jan Petersen grinste nur frech: «Herr Polizeidirektor, Sie entschuldigen mich doch, meine Frau erwartet mich.» – Dabei hatte er es nicht versäumt, das Wort «Polizeidirektor» ganz willkürlich betont auszusprechen. Dann verliess er rasch, innerlich ein wenig triumphierend das Polizeipräsidium.

Der Polizeidirektor hatte diese Bagatelle mit einem emotional Gestörten kaum vergessen oder besser gesagt verdrängt als wiederum ein Klassenkamerad mit dem Passwort: «Mord Fässler» bei ihm vorgelassen werden wollte. Der neue Besucher war Kurt Wyss, Rechtsanwalt und bekannter Strafverteidiger. Der sehr gepflegte und sich sehr weltmännisch bewegende Wyss liess den Polizeidirektor etwas vorsichtiger mit diesem Besucher agieren: «Freut mich, Herr Wyss, Sie wünschen?» – «Das ist aber nett von Ihnen, Herr Polizeidirektor, dass Sie mich persönlich empfangen. Übrigens gratuliere ich Ihnen zu Ihren scharfsinnigen Mitarbeitern. Wie Sie den Fall Nafzger so rasch und elegant gelöst haben. Doch nun zum Grunde meines Besuches. Ich habe Ihnen mitteilen wollen, dass ich persönlich die Verteidigung von Herrn Gottlieb Amsler übernehmen werde. Nach den hiesigen Gepflogenheiten steht es mir also zu, meinen Mandanten jederzeit zu besuchen, wenn ich es als nötig erachte. Und übrigens noch, ich bin als Freund von Gottlieb froh, dass er bei ihnen so sicher geschützt ist. Wir, d. h. eine Gruppe von Freunden von Gottlieb, werden also keine Kaution hinterlegen, um Herrn Amsler auf freien

Fuss zu bekommen. Hingegen möchte ich als Spielernatur 100 000 Franken wetten gegen nichts von Ihnen, dass Herr Amsler unschuldig ist. Diese 100 000 Franken sind beim folgenden Treuhandbüro hinterlegt und gehören Ihnen, Herr Polizeidirektor, wenn Herr Amsler im Mordfalle Nafzger irgendwie schuldig ist. Das hat nichts mit Beamtenbestechung zu tun, sondern nur mit meiner Spielernatur.» – Mit diesen Worten überreichte er seinem Gegenüber einen Briefumschlag mit dem Wettvertrag des besagten Treuhandbüros.

Der Polizeidirektor war ein wenig verunsichert, liess sich aber nichts anmerken, sondern verabschiedete jetzt Herrn Wyss: «Es hat mich ausserordentlich gefreut, Sie persönlich kennen zu lernen. Ich bin sehr froh, dass ein so kompetenter Mann wie Sie die Verteidigung von Herrn Amsler übernimmt. Auf Wiedersehen!»

Als der Polizeidirektor nach der kurzen Mittagspause wieder via Sekretariat in sein Büro gehen wollte, meldete ihm die Sekretärin, dass schon wieder acht weitere Personen bezüglich des Falles «Nafzger» telefonisch vorgesprochen hätten. Ob man Herrn Amsler besuchen könne, ob man ihm Lebensmittel, Getränke, irgendwelche Lektüre schicken oder bringen könne usw. Allerdings wollte nur eine dieser Personen mit dem Polizeidirektor direkt sprechen. Derjenige Anrufer, der das wünschte, sei der bekannte Prof. Pfäffli. Er würde kurz nach 14 Uhr wiederum telefonieren.

Und wirklich bald kam dieser Anruf. Der Polizeidirektor musste von Prof. Pfäffli vernehmen, dass Frau Irene Nafzger ermordet worden sei, vergiftet. Er, Pfäffli, habe ihm dies nur privat mitteilen wollen. Sicher werde er den Autopsiebefund auch kennen. Jetzt wurde es dem Polizeidirektor doch ein wenig unangenehm zumute. Er bedankte sich kurz bei Prof. Pfäffli. Dann liess er sich mit der Gerichtsmedizin verbinden und wollte die definitive Todesursache von Irene Nafzger wissen. Doch er musste erfahren, dass über die Autopsie noch kein definitiver Bericht vorlag, obwohl man ihm mit praktisch hundertprozentiger Sicherheit einen Herzschlag diagnostiziert hatte. Es seien Komplikationen aufgetreten und gewisse Spezialuntersuchungen – um einen Giftmord auszuschliessen – seien immer noch im Gange. Diese Mitteilung verunsicherte jetzt den Polizeidirektor vollends. Warum man ihm dies nicht früher mitgeteilt habe, wollte er wissen. Kurz und gut, er ärgerte sich über die Art und Weise, wie seine Untergebenen diesen Fall handhabten.

Er nahm sich jetzt vor, die Angelegenheit von seinen besten und zuverlässigsten Leuten verfolgen zu lassen. Allerdings blieb er bei seinem Entscheid, dass weder Kommissar Affolter noch Klötzli oder Märki für diesen Fall wieder reaktiviert würden. Diese waren jetzt zum Glück ausgeschaltet. Sie hatten ihn schon genug blamiert, da sie ja nicht einmal herausgefunden hatten, dass ein Doppelgänger von Dr. Nafzger ermordet worden war. Er dachte mit einem leisen Schaudern nochmals an die verschiedenen Pressemeldungen, die den Fall zum Glück nicht publizistisch hochspielten, sondern sachlich und kurz darüber berichteten. Es lohnte sich schon, überall Freunde zu haben. Besonders in einer Zeit, wo man mit den Massenmedien die breite Öffentlichkeit so manipulieren konnte.

Der Polizeidirektor liess sich vorsorglicherweise nochmals informieren über die Einvernahme von Gottlieb Amsler bevor er in Untersuchungshaft genommen wurde. Herr Amsler beteuerte einfach, er sei absolut unschuldig und alles in dem Schreiben von Irene Nafzger sei reine Erfindung. – Als man dann die Schreibmaschine, mit welcher die Drohbriefe geschrieben worden waren – wie sich hundertprozentig im Polizeilabor hinterher nachweisen liess – in einem Abstellraum auf dem Amsler'schen Hofe in einer Kartonschachtel versteckt fand, war man in Polizeikreisen überzeugt, einen guten Fang gemacht zu haben.

Diesen Herrn Amsler wollten sie schon zu einem Geständnis bringen! Leider konnten auf der entdeckten Schreibmaschine keine Fingerabdrücke von Herrn Amsler gefunden werden. Ja man fand auch bei der minuziösesten Untersuchung überhaupt keine Fingerabdrücke. Das war eigentlich sonderbar, wenn man in Betracht zog, dass die Schreibmaschine so sorglos in einer Kartonschachtel versteckt war, obwohl sie ihren eigentlichen Dienst – das Schreiben von Drohbriefen – spätestens beim Tode von Dr. Nafzger, alias Otto Fässler, geleistet hatte und somit nur noch ein Gefahrenmoment für ein Entdecktwerden darstellte. Aber so war es eben im Leben. Die raffiniertesten Verbrecher stolperten immer über eine sogenannte Kleinigkeit, die sie nicht beachteten.

Wenn Gottlieb Amsler diese Schreibmaschine gleich nach dem Morde irgendwo in einen See versenkt hätte oder nur in eine Abfallgrube oder sonst wohin geworfen hätte, so hätte kein Mensch eine Spur für das Schreiben der Drohbriefe bei ihm gefunden.

Allerdings fand man auf den in der Nafzgerschen Villa sichergestellten Drohbriefen auf deren zweien unter anderen auch die Fingerabdrücke von Gottlieb Amsler. Dieser aber behauptete, das sei ja ganz klar, habe Hans diese Briefe ihm ja gezeigt und sie ihn auch in die Hand nehmen lassen. Dass nicht auf allen diesen Briefen die Fingerabdrücke von Herrn Amsler zu finden waren, schien diese Aussage glaubhaft zu machen. Die Fingerabdrücke von der in der Zwischenzeit auch verstorbenen Irene Nafzger waren auf allen fünf Drohbriefen zu finden. Eigentlich war dies verständlich, wenn Hans seiner Frau ja alle gezeigt hatte. Auf die Fingerabdrücke von Hans Nafzger wurde vorerst nicht geprüft. Ein Detail, das sich im Nachhinein als ein wesentliches Versäumnis bei der Spurensicherung erwiesen hat!

Auffallend war die ruhige Verhaltensweise von Gottlieb Amsler in der Untersuchungshaft. Er schien überzeugt zu sein, dass seine Unschuld zu Tage treten würde. Eigentlich hätte man erwarten können, dass er mit seinem aufbrausenden Charakter sich ganz anders wehren würde. Was Gottlieb Amsler zu dieser für ihn eigentlich ungewohnten Verhaltensweise bewogen hat, konnte niemand erraten. Allerdings war kurz vor seiner Verhaftung ein Anruf von einer Frauenstimme erfolgt, erinnerte sich seine Haushälterin. Gottlieb Amsler habe nur gesagt: «Gut so und Gott lohne das Ihnen.» – Die Anruferin war, den Lesern sei es hier verraten, Frl. Marie-Thérèse Borer.

Wollen wir doch einmal sehen, wie es Frl. Borer in der Zwischenzeit ergangen ist. Sobald sie erfahren hatte, dass Frau Nafzger in der Untersuchungshaft gestorben war, kündigte sie ihre Stellung im Nafzgerschen Haushalt augenblicklich. Sie war bereit, sogar auf ihren Lohn zu verzichten. Allerdings ging Dr. Nafzger nicht darauf ein. Er entlöhnte sie voll und bedankte sich ganz herzlich für ihre treuen Dienste während der letzten Jahre. Er gab ihr zu verstehen, dass er volles Verständnis für ihren Entschluss habe, unter diesen Umständen ihre Stelle aufzugeben.

52

Frl. Marie Thérèse Borer wollte noch ein wenig Ferien machen, bevor sie dann wieder nach USA zurückzukehren gedachte.

In Wirklichkeit verhielt sich die Situation ein wenig anders. Syphax, ihr Vater also, hatte seiner Tochter zu diesem Schritt geraten. Er fürchtete um ihre Sicherheit. – Otto Fässler und seine Tochter kannten sich aus Amerika nicht von Angesicht zu Angesicht. Syphax Tochter hatte Otto Fässler nie gesehen, solange er in Chicago war. Syphax hatte seine Tochter ganz bewusst für diesen interessanten Fall eingesetzt. Nur hatte er geglaubt, Dr. Nafzger so retten zu können, ohne seinen treuen Mitarbeiter Otto Fässler zu verlieren.

Es war das erste Mal, dass er mit seinem Detektivbüro für einen europäischen Klienten arbeiten durfte. Er erinnerte sich noch – wie wenn es gestern gewesen wäre – an den Tag zurück, an welchem ihn Dr. Nafzger angefragt hatte und dabei auf einen Herrn Otto Fässler Bezug nahm, der ihm Syphaxens Büro empfohlen habe. Dabei war dieser Otto Fässler damals erst etwa ein halbes Jahr bei ihm tätig gewesen. Fässler war eine Begabung als Detektiv! Ein unermüdlicher Schaffer. Trotzdem war er ein Mann von einer einmaligen Fähigkeit, das Wesentliche stets im Auge zu behalten und so jederzeit zielstrebig und unheimlich effektiv zu handeln. Es war eigentlich nur logisch gewesen, dass er in Otto Fässler, der übrigens einer Foto von Dr. Nafzger schon ohne die Zuhilfenahme eines Maskenbildners fast zum Verwechseln ähnlich sah, den idealen Doppelgänger für diesen Einsatz in der alten Welt fand. Dass er seine Tochter ebenfalls bei Dr. Nafzger, natürlich unter falschem Namen, plazieren konnte, war eine Glückssache. Als er von diesem Wunsche der Tochter gegenüber gesprochen hatte, war diese sofort hell begeistert von diesem Vorschlag und lehnte jegliche väterliche Hilfe ab. Sie wolle dies selbst schaffen. Es gelang ihr auch, wie fast alles in ihrem bisherigen Leben.

Auf diese Weise war es Syphax möglich gewesen, eine absolut zuverlässige Berichterstatterin in der Nafzgerschen Familie zu haben. Quasi einen zweiten Mann neben Otto Fässler, der nichts von der wahren Identität von Marie T. Borer wissen durfte. – Erst im Nachhinein zeigte es sich, dass dies wieder einmal ein entscheidender Schachzug von Syphax gewesen war!

Unterdessen gingen im Untersuchungsgefängnis Pakete und Briefe für Gottlieb Amsler ein, dass jedermann von der Gefängnisverwaltung, der davon erfuhr, nur so staunte. Alle Posteingänge wurden genau untersucht, aber nichts zensuriert. Der Polizeidirektor hatte angeordnet, dass alle Esswaren und Getränke erst in eine «Giftquarantäne» kamen. D.h. es wurden Proben davon an spezielle Versuchsmäuse verfüttert. Der Polizeidirektor hatte die diesbezügliche Bemerkung von Jan Petersen, wie auch von Kurt Wyss doch beherzigt. Schon am dritten Tage geschah dabei etwas ganz Sensationelles. Eine Torte, die aus der Konditorei Maeder stammte, also gerade aus derjenigen Konditorei, welche dem Gatten der Klassenkameradin Elisabeth Maeder gehörte, erwies sich als mit Strychnin vergiftet.

Für den Polizeidirektor Harzenmoser, wir wollen ihn jetzt bei seinem eigentlichen Namen nennen, war diese Meldung etwas ganz und gar Unglaubliches. Er musste jetzt zur Kenntnis nehmen, dass es immer noch jemanden gab, der Gottlieb Amsler umbringen wollte. Dies aber bedeutete aus der Sicht von Herrn Harzenmoser, dass Gottlieb Amsler sicher nicht der Haupttäter sein konnte. Vielleicht war er sogar unschuldig. Denn das quasi als Testament von Irene Nafzger gemachte Geständnis über den Fall «Nafzger» betraf nur zwei verbündete Täter: Irene und Gottlieb! Dies war für ihn also kaum zu glauben. War Kurt Wyss seiner Sache so sicher, dass er die 100 000 Franken gewettet hatte? War das kühle Berechnung gewesen und nicht eine emotionelle Geste einem Jugendfreunde gegenüber, wie er, Harzenmoser, es bisher aufgefasst hatte? Ganz in Gedanken versunken starrte Polizeidirektor Harzenmoser aus seinem ganz sachlich eingerichteten Büro im Spiegelhof, dem Basler Polizeihauptquartier, durch das überdimmensionierte Fenster auf die, den Baslern so vertraute Fassade des Hotels Drei Könige am Rhein.

Der Polizeidirektor hatte eine schlaflose Nacht. Er wusste jetzt, dass Frau Irene Nafzger effektiv auch ermordet worden war. Auf eine ganz raffinierte Art. Mit einer Kapsel, die sich erst nach ca. 35 Stunden im Magen aufgelöst hatte. Dies war eine ganz moderne Geheimwaffe gewisser Nachrichtendienste, um unliebsame Gegner aus der Welt zu schaffen. Die besagte Kapsel schwamm im Magen immer oben auf und löste sich erst nach 30 bis 40 Stunden auf und gab dann erst den Giftstoff frei. Im Falle «Nafzger» waren Täter von kaum geahnten Dimensionen am Werk. Was war wohl das Motiv? Es schien, dass es nur Geld sein konnte, denn Dr. Nafzger war immens reich. Das hätte ein Aussenstehender kaum glauben können. – Seine Firma war zwar eine Aktiengesellschaft, aber Dr. Nafzger besass rund drei Viertel aller Aktien. Der legale Erbe war oder wäre nach dem Ableben von Dr. Nafzger bisher Gottlieb Amsler gewesen. Wenn man es nun auf das Leben dieses Erben abgesehen hatte, so musste eigentlich jemand anders der Täter, sprich Profiteur dieser Situation sein. Irene Nafzger schied diesmal aus. Wer nur konnte also ein Interesse haben? Auf diese Frage fand Polizeidirektor Harzenmoser keine Antwort! – Er versuchte es mit dem neuesten Hilfsmittel, welches seit kurzem auch in Polizeikreisen breitere Anwendung fand, mit dem Computer nämlich. Dieses eigentlich vernunftlose Wesen, das nur streng logische Schlüsse zog, aber dabei fast beliebig viele Faktoren mit ins Spiel bringen konnte und mit einer unvorstellbaren Geschwindigkeit diese sortierte, wertete und ausschied, kam zum hochinteressanten Resultat, dass es eigentlich nur Dr. Nafzger selbst sein konnte, wenn man das finanzielle Motiv gelten liess. Ein Widersinn sondergleichen oder aber wie verhielt sich die Situation, wenn man den Doppelgänger mit ins Spiel brachte? Sobald dies geschehen war, tippte der Computer mit über neunzigprozentiger Wahrscheinlichkeit auf den Doppelgänger als Täter. Doch dieser war ja tot, wie die eindeutigen Gutachten mit an Sicherheit grenzender Wahrscheinlichkeit bewiesen hatten. Oder anders ausgedrückt, Dr. Hans Nafzger war ja immer noch am Leben. War er dies wirklich, bohrte ein hartnäckig immer wieder aufkommender Gedanke sich in das Unterbewusstsein von Polizeidirektor Harzenmoser? Die Sache gefiel Herrn Harzenmoser nicht mehr. Und doch war alles so klar und logisch. Er konnte beruhigt sein, wenigstens bezüglich der Identität des noch lebenden Hans Nafzger, redete er sich ein. Doch je mehr er versuchte, sich dies einzureden, desto unsicherer wurde er.

Sein Misstrauen war nun einmal geweckt und wuchs von Tag zu Tag fast wie von selbst. Alle Berichte, die er im Zusammenhang mit dem Falle «Nafzger» erhielt, waren dazu angetan, den schon als gelöst geglaubten Fall wieder ganz neu und ungelöst erscheinen zu lassen.

Da war einmal diese vergiftete Torte. Sie war unzweifelhaft in der Konditorei Maeder gekauft worden. In der fraglichen Zeit waren über 250 dieser Torten verkauft worden. Es war also fast unmöglich eine Spur zu finden, geschweige denn zu verfolgen, die zum Täter führte. Allerdings konnte das Postamt und die Zeit, wo und wann also die Torte zum Versand aufgegeben wurde,festgestellt werden. Die Postbeamtin der Filiale Tellplatz glaubte, dass ein Taxichauffeur diese Torte aufgegeben hatte. Eine entsprechende Bemerkung für was man eben alles gut sein müsse, hatte ihrem Gedächtnis hier nachgeholfen. Komplizierte und sehr aufwendige Nachforschungen ergaben dann, dass effektiv ein Taxichauffeur diese Torte zur Post gebracht hatte. Und zwar hatte ihn ein Mann, den er nur sehr vage beschreiben konnte, ganz in der Nähe der Konditorei Maeder aufgehalten und ihn gebeten, diese Torte, die er eben in der Konditorei hier gekauft habe, doch rasch zur Post zu bringen. Er habe hier 50 Franken, das reiche doch sicher. Er könne leider wegen einer dringenden persönlichen Angelegenheit nicht mehr selbst rechtzeitig zur Post gehen. Die Torte sei für einen lieben Freund, der unschuldig im Lohnhof in Untersuchungshaft sitze. – Was habe er als Taxichauffeur in dem Falle Böses ahnen können? Er sei ja dazu da, Dienstleistungen zu erbringen. Er sei für diese Dienstleistung auch fürstlich belohnt worden. – Auf die Frage, ob er nicht gedacht hätte, dass eine Bombe in diesem Paket sein könnte, lachte der Taxichauffeur nur ganz überrascht: «Stellen Sie sich vor, in einer Tortenschachtel von der Konditorei Maeder – in unmittelbarer Nähe dieser Konditorei – übergibt Ihnen jemand so eine Schachtel, was glauben Sie dann als nur halbwegs normaler Mensch? Sie denken sicher nicht an etwas so Abwegiges!» – Der Polizeidirektor versuchte alle dieses Vorkommnis betreffenden Fakten möglichst geheim zu halten. Er hatte auch strengste Weisungen erlassen, nichts über die vergiftete Torte an die breite Öffentlichkeit verlauten zu lassen.

Der glückliche Zufall wollte es, dass Elisabeth Maeder, die selbst im Laden war, sich im Nachhinein erinnerte, dass ein etwa 10jähriger Junge eine solche Torte mit einer 50-Franken-Note erstanden hatte. Sie dachte, dass sie diesen Jungen, sobald sie ihn wieder sehen würde, sich ein wenig genauer anschauen würde. Sie hatte Glück, denn der Kleine kam wieder in die Konditorei, um einige verlockende Süssigkeiten zu kaufen. – «Hat Dir unsere feine Torte geschmeckt?» fragte Frau Maeder ganz aufmunternd. Dieser wusste nicht recht, was er antworten sollte. Er lachte nur etwas verlegen. «Hast Du selber etwa gar nichts von der feinen Torte erhalten?» forschte sie weiter. – «War es gar ein Geschenk für die Grossmutter?» – Jetzt war das Eis gebrochen. Der Junge erzählte ganz stolz, dass ihm ein Mann aus einem parkierten Auto zugerufen habe, er möge doch mal herkommen. Dieser Mann hatte seinen Wagen etwa 100 m vor der Konditorei parkiert gehabt und war sehr freundlich zu ihm gewesen. Das ganze Herausgeld durfte er behalten. Er habe sich mit einem Teil davon ein tolles rotes Spielzeugauto gekauft. Den Rest habe er ins Sparkässlein gelegt. – Auch dieser Sachverhalt wurde dem Polizeidirektor von seinen Untergebenen mitgeteilt. Sie ihrerseits waren von Frau Elisabeth Maeder informiert worden. Es war jetzt klar, der unbekannte Täter war ein Mann. Er hatte den Jungen benützt, ihm die Torte zu verschaffen. Dann hatte er diese Torte wahrscheinlich im Auto mit einer Injektionsspritze ganz gleichmässig mit Strychnin vergiftet und dann via Taxichauffeur zur Post bringen lassen.

Das erste Folgetreffen der verschworenen Klassenkameraden hatte im Restaurant Kunsthalle neben dem berühmten Tinguelli-Brunnen stattgefunden. Jedermann rapportierte kurz über das, was sie oder er unternommen hatten, um mit Gottlieb in Kontakt zu kommen. Kurt Wyss erklärte, dass alle beruhigt sein könnten in Anbetracht des günstigen Verlaufs der Dinge. So sei Gottlieb Amsler, den er als dessen Strafverteidiger jederzeit besuchen könne, tief beeindruckt von der spontanen Hilfsbereitschaft seiner Klassenkameraden. Er lasse ihnen ausrichten, dass er sich ihnen ebenbürtig an Tapferkeit und Treue in der Untersuchungshaft verhalten werde. Kurt Wyss teilte mit, dass Gottlieb Amsler ihm auch berichtet habe, dass ihn Polizeidirektor Harzenmoser einmal kurz aufgesucht habe. Nach ein paar belanglosen Fragen habe dieser von ihm den Namen des Zahnarztes von Dr. Hans Nafzger wissen wollen. Er, Amsler, habe gesagt, er wisse das nicht. In Wirklichkeit wisse er dies genau. Es sein ein gewisser Dr. med. dent.

Durrer in Liestal gewesen. – Sicher habe ihn der Polizeidirektor nur nach dem Zahnarzt gefragt, weil er jetzt wahrscheinlich auch Zweifel an der Identität des noch lebenden Hans Nafzger habe.

Die Klassenkameraden berieten hin und her, was dies wohl bedeuten könnte. Plötzlich kam Jan Petersen ein Einfall. Er sagte: «Bitte, entschuldigt mich für einen kurzen Moment, ich muss telefonieren gehn.» – Als er zurück kam spürten alle, dass etwas Entscheidendes vorgefallen sein musste. Jan Petersen teilte seinen gespannt zuhörenden Freunden mit: «Denkt Euch nur wie raffiniert dieser Gauner und Mörder, Otto Fässler mit Namen, vorgegangen ist. Er hat seine Identität doch mit einem Gutachten seines Zahnarztes, Dr. med. dent. Durrer, einwandfrei der Polizei gegenüber bewiesen. Nur praktiziert dieser Zahnarzt nicht, wie Gottlieb Amsler uns sagte in Liestal, sondern in Allschwil. Es gibt also zwei Dr. med. dent. Durrer, nur praktizieren sie nicht in der gleichen Ortschaft! Bei dem einen war der richtige Hans Nafzger Patient, beim andern – ebenfalls unter dem Namen Hans Nafzger – dieser Otto Fässler. Für mich ist jetzt alles klar. Unser Klassenkamerad ist tot! Dieser Dr. Nafzger, welcher noch lebt, kann nur dieser Otto Fässler sein! – Alle waren erschlagen von dieser Aussage. Zwei Zahnärzte gleichen Namens mit scheinbar dem gleichen Patienten. Jetzt verstanden sie auch den Grund, weshalb der noch lebende Dr. Nafzger mit ihnen nichts mehr zu tun haben wollte. Dieser Otto Fässler wollte sich nicht der Gefahr einer Entdeckung seiner Doppelgängerrolle aussetzen. Auch der Tod des Amslerschen Hofhundes Cappi erschien so in einen grösseren Zusammenhang mit eingeplant gewesen zu sein.

Kurt Wyss, Jan Petersen und Prof. Pfäffli übernahmen zu dritt die Aufgabe, dem Polizeidirektor Harzenmoser diese Vermutung bezüglich der Identität des noch lebenden Otto Fässler darzulegen. Der Polizeidirektor hörte sich diese einleuchtende Theorie an, bedankte sich bestens und versprach ihnen, sobald er mehr wisse, wieder Bericht zu geben. Als seine Besucher gegangen waren, schwor er sich, diese Sache aufs Gründlichste abklären zu lassen. Instinktiv wusste er, dass er jetzt Kommissar Affolter sowie auch dessen engste Mitarbeiter Märki und Klötzli sofort wieder reaktivieren musste.

Schon eine Stunde später läutete die Hausglocke an der Affolterschen Wohnung im Totengässlein 1. Frau Affolter war alleine zu Hause. Sie bat Herrn Harzenmoser doch einzutreten und auf ihren Gatten, der jeden Moment zurücksein müsse, zu warten. Mit ausgesuchter Zuvorkommenheit offerierte sie dem Polizeidirektor einen Drink. Wie so nebenbei fragte die innerlich doch etwas besorgte Gattin, ob ihr Mann jetzt eventuell vorzeitig pensioniert werden sollte? – Im Gegenteil, davon könne keine Rede sein, doch jetzt wollten sie vom Wetter und der Unbill der heutigen Zeit reden, wich der Polizeidirektor geschickt einer weitern Ausfragerei aus.

Als dann Kommissar Affolter nach Hause kam, staunte er nicht wenig, seinen Chef mit seiner Frau bei einem Drink zu sehen. Sofort dachte er an seine vorzeitige Pensionierung. Doch er würde sich schon zu helfen wissen. Er hatte noch genügend Unternehmungslust, um irgend eine andere Tätigkeit anzufangen. Als dann seine Gattin sich diskret zurückzog mit den Worten: «Wenn die Herren noch einen Wunsch haben, ich bin gleich nebenan», fing der Polizeidirektor sofort intensiv vom Falle «Nafzger» zu reden an. Er legte Kommissar Affolter dar, dass er, Harzenmoser, einen Fehler gemacht habe, dass er das Gutachten bezüglich der Identität von Dr. Hans Nafzger nicht noch besser habe überprüfen lassen. Er entschuldigte sich sogar bei Kommissar Affolter und sagte, dass er der Sache wegen, ihn unbedingt wieder mit der weitern Abklärung des Falles «Nafzger» beauftragen würde und müsse. Märki und Klötzli liesse er ebenfalls sofort aus ihrer Ausbildung bei der Polizei der Nachbarstadt zurückkommen, um sie ihm sofort wieder zu unterstellen. Im übrigen könne er auf jegliche Unterstützung von ihm zählen. Kommissar Affolter war fast gerührt, ob der Wendung des Verlaufs dieser Dinge. War das der kaltschnäuzige, aalglatte Harzenmoser?! – Affolter verstand jetzt, wie die junge Generation sich den Tatsachen gegenüber verhielt. Er musste zugeben, dass der Polizeidirektor sich bemühte, wirklich sachlich und objektiv zu handeln. Im Nu kam er sich selbst wieder wie der «alte» Kommissar Affolter vor.

Er hatte jetzt eine Spur und von dieser liess er sich durch nichts mehr abbringen. Das wusste Affolter in seinem Innersten und auch Harzenmosers Verstand kam zu einem ähnlichen Schluss, als sich die beiden so unähnlichen Charaktere wie

Prototypen von Vertretern zweier verschiedener Welten trennten.

Sobald der Polizeidirektor weggegangen war, telefonierte Kommissar Affolter sofort mit Frl. Marie Thérèse Borer. Er wusste, dass Syphax seit drei Tagen zu seiner Tochter auf Besuch gekommen war und dass die beiden ihn eigentlich gerne getroffen hätten. Aber bisher hatte er den Mut für diese Begegnung nicht gefunden. Jetzt aber war alles anders! Er war von Harzenmoser persönlich wieder rehabilitiert und erlebte immer noch das begeisternde Gefühl, eines quasi frisch ernannten Kriminalkommissars, der sein Bestes tun wollte.

Schon eine Stunde später waren Syphax und seine Tochter bei den Affolters eingetroffen. Eigentlich hiess Frl. Marie Thérèse Borer ja Eleanore Syphax und mit diesem Vornamen wurde sie von ihrem Vater angesprochen. Doch wir hier, bleiben beim Decknamen Marie Thérèse Borer. Es war erstaunlich, wie gut und akzentfrei Syphax deutsch sprechen konnte. Auf jeden Fall unterhielt sich das einmalige Quartett bestens. Die Affolters staunten nachdem sie wieder alleine waren noch lange und freuten sich immer wieder diebisch über die brillanten Einfälle von Syphax, wie man vorgehen könnte, um auf Grund des jetzigen Wissens, den falschen Hans Nafzger zur Strecke zu bringen. Man wollte jetzt absolut profimässig und ganz nüchtern und emotionslos zu Werke gehen. Man wollte sich Zeit lassen. Der Täter war ja erkannt. Man musste ihn nur so eindeutig überführen, dass er kein Loch im ihn umgarnenden Netze fand, durch welches er der Polizei noch entschlüpfen konnte.

Als dann zwei Tage später Märki und Klötzli wieder zurück waren und ihrem Chef Affolter rapportierten, war die Welt für letzteren wieder ganz im Lot.

Klötzli und Märki hatten den Auftrag, den von Gottlieb Amsler als Zahnarzt von Dr. Nafzger bezeichneten Dr. med. dent. Durrer in Liestal aufzusuchen. Sie entledigten sich dieser Aufgabe mit einem Eifer, wie er für so ein einfaches Unternehmen kaum gerechtfertigt erschien. Damit niemand Fremder bemerken sollte, dass die Polizei ein Augenmerk auf die Praxis von Dr. Durrer hatte, erwarteten sie – eine kleine Komödie spielend – in der Morgenfrühe den nichts Böses ahnenden Zahnarzt vor seiner Praxis. Klötzli jammerte, dass er wie wahnsinnig Zahnschmerzen habe, und dass ihn Dr. Durrer behandeln müsse, als Notfall natürlich. Sein Freund Märki gab sich als Begleiter aus, da man ja nicht wissen könne, ob der arme Klötzli jeden Moment ohnmächtig oder gar tobsüchtig werden könnte bei so wahnsinnigen Zahnschmerzen. Dr. Durrer, der schon viele solche Situationen erlebt hatte, wenigstens glaubte er dies, erklärte sich bereit, Klötzli einmal im Untersuchungszimmer in den Mund zu schauen.

Sobald die zwei Detektive mit dem Zahnarzt im Untersuchungszimmer alleine waren, liessen sie von ihrer Komödie ab, zeigten ihre Polizeiausweise und entschuldigten sich für ihr Vorgehen. Niemand Unbefugter sollte wissen, dass sie bei der Ausübung ihres Amtes hier waren. Sie baten Dr. Durrer, die Röntgenbilder und die zahnärztliche Krankengeschichte von Dr. Hans Nafzger mitnehmen zu dürfen zur Abklärung der Identität von Dr. Hans Nafzger. Mit einer schriftlichen Erklärung des Polizeidirektors bewiesen sie ihre Zuständigkeit für diese Aktion. Zu ihrem Erstaunen erklärte Dr. Durrer, er habe diese Akten, sobald er vom Tode von Dr. Nafzger erfahren habe, vernichten lassen, so wie er dies immer getan habe, sobald ein Patient gestorben war. Aber aus dem Gedächtnis wisse er immer noch welche Arbeiten er für seinen Patienten Dr. Nafzger ausgeführt habe. Dr. Nafzger sei nämlich ein Spezialfall gewesen. Er habe ihm praktisch ein vollständiges Gebiss für den Oberkiefer einsetzen müssen. Diese Prothese wäre mit vier Schrauben fix in den Oberkiefer, d.h. in die Wurzeln von vier total abgeschliffenen Zähnen eingesetzt gewesen. Jedes halbe Jahr liesse Dr. Nafzger sich diesen Zahnersatz zu Reinigungs- und Kontrollzwecken von ihm herunterschrauben und dann wieder einsetzen. – So eine Prothese sei etwas vom Besten, was es diesbezüglich heutzutage gebe. – Mit dieser Aussage, die er für seine beiden Besucher noch schriftlich bestätigte, hatte Zahnarzt Durrer alles bewiesen, was die beiden Detektive erfahren wollten. Sie wussten nämlich, dass der an jenem Klassenzusammenkunftsabend Ermordete eine solche Zahnprothese trug.

Dr. Durrer gestand den beiden noch, dass es ihm peinlich sei, diese Akten vernichtet zu haben, seit er aus der Zeitung erfahren habe, dass Dr. Nafzger ja noch lebe und jemand anderer an seiner Stelle ermordet worden sei. Er wisse nicht recht, ob und wie er dies seinem Patienten mitteilen müsse. Klötzli und Märki beruhigten ihn deswegen. Sie meinten, er sollte sich darüber keine Sorgen machen, Zeit bringe jeweils Rat.

Zur Sicherheit wurde beim zahnärztlichen Namensvetter in Allschwil nachgeforscht, seit wann Dr. Nafzger bei ihm Patient gewesen sei. – Wahrheitsgemäss antwortete dieser, seit ungefähr zwei Jahren. – Von dieser relativ kurzen Zeitspanne war nichts im Bericht zur Belegung der Identität des angeblichen Dr. Hans Nafzger angegeben. Diesen Bericht hatte der noch lebende Dr. Nafzger ja selbst bei seinem Zahnarzt zur Belegung seiner Identität angefordert und dann der Polizei übergeben.

Als Polizeidirektor Harzenmoser diese Tatsache schwarz auf weiss in einem entsprechenden Bericht von Kommissar Affolter und seinen Mitarbeitern erhalten hatte, herrschte im Polizeipräsidium Alarmstimmung.

Es war jetzt klar geworden, dass dieser Otto Fässler, der sich so raffiniert als Dr. Hans Nafzger ausgab, eine Schlüsselfigur im Mordfall «Nafzger» sein musste. Ob er alleine handelte oder Mittäter, hatte war im Moment nicht von so grosser Wichtigkeit. Wichtig war jetzt nur eines, Otto Fässler musste dingfest gemacht werden! Harzenmoser wollte diese Aktion persönlich leiten. Für etwas war er ja Polizeidirektor! So einen Fall gab es in zehn Jahren, evtl. 20 Jahren nur einmal, also nur einmal im Berufsleben eines Polizeidirektors.

Fast genau zur selben Zeit – nur in etwa 100 km Entfernung – traf sich Otto Fässler, der keine Ahnung hatte, dass seine Identität der Polizei bekannt war, in einem Erstklasshotel der internationalen Superklasse mit Vertretern eines Ölscheichs aus Abu Dhabi. Es ging bei diesem Treffen um nichts geringeres als die letzten Verhandlungen über den Verkauf des Mehrheitsaktienpakets der «Nafzger'schen Industriewerke» an eben diesen Scheich von Abu Dhabi.

Otto Fässler spielte diesmal wieder eine neue Personenrolle in diesem, wie er glaubte, glänzend inszenierten Coup Nafzger. Er gab sich als Heinz Meier, bevollmächtigter Vertreter von Dr. Hans Nafzger aus. – Heinz Meier musste – so schien es den Vertretern des Ölscheichs – zeitweise in Kuweit gelebt haben – wie aus seinen Äusserungen zu entnehmen war. Er war ein glänzender Verhandlungspartner und in Geldangelegenheiten versiert, wie der beste internationale Bankier. Das Geschäft war bei der spontanen und grosszügigen Art des sich so weltmännisch bewegenden Heinz Meier schnell getätigt. Die Abmachung war bestechend einfach. Das Aktienpaket ging an den Ölscheich über, sobald die vereinbarte Geldsumme auf ein Nummernkonto einer Zürcher Filiale einer Schweizer Grossbank überwiesen worden war.

Doch nun wieder zurück zu Polizeidirektor Harzenmoser. Dieser liess das Wohnhaus von Dr. Hans Nafzger an der Gellertstrasse ab sofort diskret überwachen. Er wollte Otto Fässler ausserhalb des ihm vertrauten Hauses ganz überraschend verhaften. Der Plan war ganz einfach und verlief nach x-mal eingeübtem Schema für solche Spezialfälle. Ein besonders gewandter Detektiv, Nahkampfspezialist, sollte als altes Grossväterchen verkleidet, den vermeintlichen Dr. Hans Nafzger um eine kleine Gefälligkeit bitten und ihn dann blitzschnell überwältigen. – Schief konnte in diesem Falle praktisch nichts gehen, denn Otto Fässler war ja noch ahnungslos und genügend Helfer der Polizei waren zur Vorsorge in Deckung in Bereitschaft um ihrem Detektivkameraden beizustehen.

Irgendwie schien das raffiniert geplante Unternehmen aber anders zu verlaufen. Otto Fässler trat im Umkreise seines Wohnsitzes gar nie in Erscheinung. – War er vielleicht den ganzen Tag über zu Hause geblieben? – Polizeidirektor Harzenmoser wollte auf sicher gehen und Otto Fässler ja nicht vorwarnen! Also gar nichts unternehmen, sondern die Nafzgersche Villa einfach weiterhin diskret überwachen lassen.

Gottlieb Amsler war in der Zwischenzeit aus der Untersuchungshaft entlassen worden. Polizeidirektor Harzenmoser hatte diese Anordnung getroffen, nachdem seiner Ansicht nach feststand, dass Herr Amsler unschuldig sein musste. Vielleicht war diese vorzeitige Entlassung aus der Untersuchungshaft ein Fehler gewesen! Vielleicht hatte Otto Fässler von der Sache Wind bekommen und versuchte nun, sich aus dem Staube zu machen.

Unterdessen freute sich natürlich Gottlieb Amsler über die wieder erlangte Freiheit! Er wollte dies mit seinen lieben Helfern auch gebührend feiern, aber erst, wenn der feige Mörder gefasst war. Er hatte Kommissar Affolter jede nur erdenkliche Hilfe angeboten. Dieser jedoch lehnte dieses Angebot dankend ab: «Die Polizei erledigt diesen Fall ganz alleine, wie es sich gehört. Wir sind dazu da. Es ist unser Beruf.» – Aber um Gottlieb Amsler doch ein wenig entgegen zu kommen, riet er ihm, zusammen mit Syphax und dessen Tochter ein wenig die Naturschönheiten der Schweiz zu geniessen. Er schlug ihm vor, die beiden Ausländer für ein paar Tage irgendwohin einzuladen. – Dieser Vorschlag kam Gottlieb Amsler ganz gelegen. Ja, das war eine gute Sache. Er wusste sofort, wohin er die beiden Amerikaner einladen wollte. An einen ihm bestens bekannten, ganz verträumten, idyllischen Ort am Vierwaldstättersee. Schon am Nachmittag reisten die drei in ihr einsames Paradies, um sich in ein paar herrlichen Ferientagen prächtig zu erholen und die einzigartige Kulisse der Schweizer Alpenwelt – unweit der weltberühmten Rütliwiese – zu geniessen.

Im echt chinesisch dekorierten Speisesaal des Fünfsternhotels «Mandarin» in der Nähe des Flughafens Kloten dinierten zwei äusserst gepflegte Herren, die sich sehr gut zu kennen schienen. Der eine war der von der Polizei gesuchte Otto Fässler, der andere hiess Marcel Huber und war ein alter Bekannter von Otto Fässler. Fässler hatte Huber abmachungsgemäss – wie wir noch sehen werden – in diesem international bekannten Hotel getroffen. – Marcel Huber war eben von Australien über Singapur nach Kloten geflogen. Er wohnte in einem prächtigen Vorort von Sydney in einer phantastischen Villa mit einzigartiger Sicht auf den Pazifik.

Marcel Huber war Juwelier und handelte vor allem mit kostbaren australischen Feueropalen, die er in seiner Werkstatt selbst schliff und sehr gediegen zu fassen verstand. Er war gelernter Goldschmied. Als er es in diesem Berufe in der Schweiz nicht so rasch zu etwas brachte, wie er sich dies eingebildet hatte, wechselte er sofort seinen Beruf. Er versuchte sich mit Erfolg als Kellner auf einem Ozeandampfer der Holland-Amerika-Line. – Auf einer dieser Atlantiküberquerungen lernte er vor ca. 15 Jahren auch Otto Fässler kennen.

Fässler verhalf ihm dann zu diesem Juweliergeschäft in Sydney. Marcel Huber war glücklich, dort wieder ganz in seinem gelernten Beruf aufgehen zu können. Er war Otto Fässler für dessen selbstlosen Grossmut ewig dankbar. Fässler verlangte von ihm ab und zu eine scheinbar belanglose Dienstleistung. Für Marcel Huber war es Ehrensache, diese Geschäfte ohne

64

grosses Überlegen jeweils auszuführen. Einmal musste er ein Paket für Otto Fässler in Südafrika abholen. Ein andermal ein wasserdicht verschnürtes Paket aus einem gemieteten Privatflugzeug unweit der Schweizergrenze in der Morgendämmerung in den Langensee abwerfen. Marcel Huber führte alle diese Aufträge blindlings und mit roboterhafter Genauigkeit aus, ohne sich auch nur einmal etwas dabei zu denken. Er schaute Otto Fässler, seinen so selbstlosen Gönner, für einen praktisch unfehlbaren Menschen an, der sicher nichts schlechtes oder gar verbotenes von ihm verlangte.

Auch dieses Mal wusste er jetzt schon, wartete ihm irgend ein scheinbar nebensächlicher Auftrag. Denn vor vier Tagen hatte Fässler ihm telefoniert und gefragt: «Hallo Marcel, wie ist das Wetter in Sydney?» – Das war ein Codewort und bedeutete, fliege nach Kloten. – «Wie wird das Wetter in vier Tagen um 10.30 Uhr sein?» hatte Fässler dann noch gefragt. Das hiess im Klartext für Marcel Huber in vier Tagen um 10.30 Uhr im Hotel «Mandarin» zu sein. So einfach war das!

Jetzt war er hier und dinierte in diesem feinen chinesischen Spezialitäten-Restaurant mit seinem Idol Otto Fässler. – Sie assen beide mit Stäbchen und zwar so routiniert und mit einer Gewandtheit, wie wenn sie dies alle Tage täten. Sie hatten sich Haifischflossensuppe mit Schwalbennestern-Extrakt und Kobraschlangenfleisch servieren lassen. Dann gab es anschliessen praktisch einen ganzen Zoo auserlesener chinesischer Spezialitäten kulinarisch zu geniessen, wie Crevetten, Froschschenkel, Tauben, Spanferkel, Pekingente und dazu eine kleine Schale Reis. Sie tranken dazu Tee und Bier. Otto Fässler kam sehr bald zum geschäftlichen Teil. Es handelte sich um eine für ihn wichtige Angelegenheit und deshalb habe er ihn, Marcel, extra aus Sydney kommen lassen! – Und zwar müsse er noch heute einen schwarzen Lincoln Continental von der hiesigen Hotelgarage nach Attinghausen im Kanton Uri fahren. Dort würden sie einander wieder treffen. Den Kofferrauminhalt des Lincoln würde er, Fässler, dann in der vor fremden Augen absolut sicheren Hotelgarage des Restaurants «Schlössli» in Attinghausen in seinen weissen Mercedes umladen und dann ins bekannte Restaurant kommen und sich dort mit ihm an irgend einem Tisch wie zufällig treffen. Marcel müsse über die folgende Route via Axenstrasse nach dem ihnen beiden ja bekannten Hotel in Attinghausen fahren. Er solle um ca. 14.30 Uhr von hier abfahren. Für heute Abend müsse er sich keine speziellen Pläne machen. Er, Fässler, habe irgendwo als tolle Überraschung ein Hotel für ihn gebucht. Das persönliche Gepäck könne er ihm gerade übergeben, sowie Pass und Flugbillett, damit er für übermorgen gerade wieder die Rückflugbuchung bestätigen könne. Er, Fässler, müsse sowieso beim Flughafen vorbeigehen. Hier habe er den Autoschlüssel für den Lincoln Continental mit Autokennzeichen L 484900. Der Fahrausweis sei im Handschuhfach, zwar auf den Namen Dr. Hans Nafzger. Dies habe aber nichts zu bedeuten. Eine Polizeikontrolle sei auf dieser Strecke zu dieser Zeit praktisch nicht zu erwarten. Und wenn er in eine solche Kontrolle käme, habe er ja den Fahrausweis von Dr. Nafzger im Handschuhfach. – «Alles klar, lieber Marcel?» schloss Fässler seine minuziös gegebenen Instruktionen.

Als Marcel seinen so einfachen Auftrag wiederholt hatte und sein Reisegepäck, Flugbillett und Pass zur weitern Handhabung Otto Fässler übergeben hatte, verabschiedete sich dieser mit der Bemerkung: «Die Rechnung hier im Mandarin ist dann bezahlt, Marcel, und hier hast Du noch 25 000 Franken Sackgeld für alle Fälle. Dies reicht bestimmt inklusive Deines Flugbilletts Sydney-Zürich retour noch bis Attinghausen und lachte so, wie eben nur Otto Fässler lachen konnte. Es war jetzt 13.20 Uhr. Marcel Huber hatte also noch etwas mehr als eine Stunde Zeit bis er nach dem auch ihm bekannten Hotel in Attinghausen aufbrechen musste. Er wusste, dass Otto Fässler von ihm absolute Pünktlichkeit erwartete. Das heisst, er durfte nicht vor 14.30 Uhr von hier starten. – Dieser Otto Fässler war schon ein toller Kerl. Er würde ihm bestimmt in Attinghausen nochmals 25 000 Franken in die Hand drücken, für die zufriedenstellende Ausführung des verlangten Auftrags. Das wusste er aus der Vergangenheit.

Etwa zwei Stunden später fuhr ein weisser Mercedes in Bauen im Restaurant «Zum goldenen Hecht» vor. Der alleinige Insasse nahm seine Fotoausrüstung und einen Walkman an sich und machte es sich an einem Tisch in der vordersten Reihe mit Blick über den See auf die gegenüberliegende Axenstrasse bequem.

Als die Serviertochter ihn nach seinen Wünschen fragte, bestellte er ein grosses Glas frisch ausgepressten Orangensaft und gesalzene Erdnüsschen sowie Salzmandeln.

Der dem weissen Mercedes mit Schweizer Autokennzeichen entstiegene Gast schien eine Frohnatur zu sein. Ein gepflegter leicht ergrauter Schnurrbart gab dem sonnengebräunten Gesicht eine ganz spezielle Note. Die leicht melierten Haare liessen auf einen Mann in den besten Jahren schliessen. – Ganz auffallend waren die fein gearbeiteten goldenen Manschettenknöpfe, die in ihren Umrissen die Grenzen des Kontinentes Australien zeigten. Der sehr aufmerksamen Serviertochter fiel dies sofort auf. Hier in Bauen hatten sie das ganze Jahr hindurch sehr viele Feriengäste aus allen Teilen der Welt. Sie dachte an den lustigen Amerikaner namens Syphax, der mit seiner Tochter und einem Schweizer mit Namen Gottlieb Amsler seit drei Tagen hier in den Ferien weilte. Syphax trug jeden Tag andere Manschettenknöpfe. Einmal waren diese aus versteinertem Holz von dem und dem Orte, dann wieder aus kleinen pyritisierten Ammoniten oder aus versteinertem Dinosaurierknochenmaterial, wie er ihr bereitwilligst erklärt hatte.

Schon bald servierte sie dem neu angekommenen Gast den herrlich erfrischenden Orangensaft. Dieser bedankte sich kurz. Er schien vor allem das herrliche Panorama, welches sich einem von hier anbot zu geniessen. Die Kopfhörer des Walkmans hatte er sich umgelegt und schien als «Mittelaltriger» die speziellen Musikgenüsse der ganz jungen Generation ebenso wie diese zu geniessen. Den Fotoapparat mit dem riesigen Teleskopobjektiv hatte er fast dauernd in Richtung Axenstrasse gerichtet.

Plötzlich zerriss ein Feuerblitz gefolgt von einem dumpfen unheimlich nachgrollenden Donnerschlag das so besinnliche Idyll dieses so paradiesischen Plätzchens. Vor Schrecken gebannt wie jedermann, starrte die erschrockene Serviertochter auf die ca. 1 km entfernt gerade gegenüberliegende Axenstrasse. Dort musste ein schreckliches Unglück passiert sein! Diese einmalig in den Fels geschlagene Alpenstrasse führt ca. 150 m über dem Urnersee, dem stürmischsten Teil des Vierwaldstättersees, von Brunnen nach Flüelen. Was mochte geschehen sein? Der mit dem weissen Mercedes angefahrene Gast schaute auch gebannt auf die gegenüberliegende Unglücksstätte. Als die Serviertochter noch ganz aufgeregt ihn fragte, ob er gesehen habe was passiert sei, meinte er, ja, ein Lastwagen sei explodiert und in den See gestürzt, soviel wie er gesehen habe.

Die Sonnenterrasse des «Goldenen Hechtes» hatte sich im Nu belebt. Die Hotelgäste waren aus ihren Zimmern geeilt, um sich ein Bild zu machen von der Ursache, welche sie aus ihrem friedlichen Mittagsschläfchen aufgeschreckt hatte. Einige hatten anfänglich geglaubt, dass ein Munitionsmagazin der Armee explodiert wäre.

Nun geschah etwas ganz und gar Unglaubliches! Vor all diesen innerlich noch total aufgewühlten Schaulustigen, unter denen sich auch unser Trio Marie Thérèse Borer, Syphax und Gottlieb Amsler befand, spielte sich das folgende Drama ab. Der Gast, welcher vor kurzem mit dem prächtigen, weissen Mercedes angekommen war, sprang plötzlich wie von einer Tarantel gestochen von seinem Stuhle auf. Er riss sich die Kopfhörer des Walkmans wie wild vom Kopfe und spuckte nach Leibeskräften Orangensaft aus seinem Munde. Ganz verzweifelt versuchte er mit seinem Taschentuche etwas aus seinem Munde zu entfernen. Niemand der Umherstehenden verstand dieses unsinnige Getue im ersten Moment. Nur Syphax erriet sofort, was geschehen sein musste. Der unglückliche Gast musste mit seinem Orangensaft eine Biene, Wespe oder gar Hornisse in den Mund bekommen haben. Dieses heimtückkische, verängstigte Insekt musste ihn dann gestochen haben. Das war eine ganz ernste Angelegenheit. Die übrigen zuerst eher belustigten Augenzeugen erkannten dies auch bald. Der arme Mann schien zu röcheln und mit letzter Kraft vergebens nach Atem zu ringen. Er bekam einen feuerroten Kopf und schien jeden Moment ersticken zu müssen, wenn nicht rechtzeitige Hilfe kam. Es war fürchterlich für alle Beteiligten, hilflos zusehen zu müssen, wie dieser unglückselige Gast unter grässlichen Schmerzen und lähmender Angst an diesem Insektenstich starb. Jede Hilfeleistung kam zu spät!

Nach einer halben Stunde waren dann fast gleichzeitig die Ortspolizei von Flüelen her und ein Arzt mit einem Motorboot in Bauen im «Goldenen Hecht» eingetroffen. Fast alle Gäste hatten sich inzwischen still in ihre Zimmer zurückgezogen. Nur Syphax und Gottlieb Amsler sowie der Wirt waren beim Toten geblieben.

In Syphax Innerem war eine furchtbare Ahnung aufgestiegen. Diese Ahnung hatte sich seit einer halben Stunde von Minute zu Minute mehr und mehr zu einer schrecklichen Gewissheit verdichtet. Syphax glaubte in dem von einem Insektenstich getöteten Gast, Otto Fässler zu erkennen. Otto Fässler seinen ehemaligen, glänzend begabten Meisterdetektiv – der von der Polizei wegen mehrfachen Mordes gesucht wurde. Gottlieb Amsler hatte er seine ihm fast sicher erscheinende Vermutung anvertraut. Als nun Arzt und Polizei eingetroffen waren, wollten sie beide so rasch als möglich Gewissheit haben, ob ihr Verdacht sich bestätigte oder nicht.

Als die Polizei sie höflich, aber unmissverständlich wegschikken wollte, meinte Gottlieb Amsler zu den drei Polizisten nur: «Bitte versuchen Sie mir per Polizeifunk ein ganz dringliches Gespräch mit dem Basler Polizeidirektor Harzenmoser zu vermitteln.» – «Wie soll dieser Polizeidirektor heissen?» meinte der jüngste der drei Polizisten. Doch einer der ältern Kollegen wies ihn zurecht: «Frage nicht lange, sondern vermittle dieses Gespräch!»

Fünf Minuten später konnte Gottlieb Amsler mit Polizeidirektor Harzenmoser über Funk und Telefon sprechen. Harzenmoser schien das, was er gehört hatte so wichtig, dass er sich entschloss, per Polizeihelikopter sofort nach Bauen zu fliegen.

Bei den drei Polizisten waren inzwischen immer wieder Einzelheiten über das schreckliche Explosionsunglück an der Axenstrasse eingetroffen. Die Polizisten hatten sogar zwei Polaroid-Bilder gefunden, welche der verstorbene Gast von diesem Unfall mit seiner Teleskopkamera gemacht haben musste. Auf dem ersten Foto sah man einen Ford Lincoln Continental auf der in die Felswand geschlagenen Axenstrasse Richtung Flüelen fahren. Auf dem zweiten Bild sah man, wie nach einer offenbar ungeheuern Explosion einzelne brennende Trümmer, teilweise von einer Rauchwolke verdeckt, in den rund 150 m tiefer liegenden Urnersee stürzten. Solche Aufnahmen waren eine Sensation! Dass der Fotograf der eigentliche Verursacher dieses Explosionsunglücks war, dachten die staunenden Betrachter natürlich nicht! Als Syphax zusammen mit Amsler diese Fotos auch sehen durfte, wurde seine Vermutung bezüglich der Identität des Toten mit dem gesuchten Otto Fässler zur Gewissheit. Er betrachtete den auf dem Tische liegenden Walkman und bemerkte, zu seinem grössten Erstaunen, dass es ein als Walkman getarntes Funkgerät war. Mit diesem Funkgerät musste – wie man jetzt sicher wusste – Otto Fässler den Lincoln Continental aus irgend einem jetzt noch nicht bekannten Grunde in die Luft gesprengt haben. Die Trümmer waren an diesem für ein solches Verbrechen geradezu idealen Ort wie hier, im tiefen Urnersee, kaum zu finden.

Jetzt ging es Gottlieb Amsler und Syphax durch den Kopf, dass Hans Nafzger ja einen solchen Lincoln Continental zu fahren pflegte.

Seit der Ankündigung von Harzenmoser, dass er per Helikopter sofort nach Bauen fliegen werde, waren kaum mehr als 40 Minuten vergangen, als der bekannte Helilärm die erwartete Ankunft ankündigte. Dem Polizeihelikopter entstiegen Harzenmoser und drei Begleiter.

Alles andere war jetzt Berufsroutine und spielte sich auf reibungslose Art ab. Harzenmoser zeigte, welcher Könner er war! Es war ein unheimlicher Mordfall, dieser Fall «Nafzger». – Die Leiche Otto Fässlers wurde auf Grund der Fingerabdrücke und einiger Zahnstellungsmerkmale an Ort und Stelle zweifelsfrei identifiziert.

In dem von Otto Fässler persönlich mitgeführten Gepäck fand sich ein Tagebuch, in welchem der Verstorbene alle Taten und Ereignisse im Mordfalle Nafzger – praktisch wie in einem Polizeirapport – minuziös aufgezeichnet hatte.

Zu ihrem Erstaunen lasen Harzenmoser und Mitarbeiter in diesem Tagebuch, dass Otto Fässler Irene Nafzger schon seit vielen Jahren gekannt hatte. Dass diese beiden, um rasch zu einer grossen Geldsumme zu kommen, den Plan schmiedeten, dass Irene einen reichen Junggesellen erstens heiraten, zweitens umbringen und drittens beerben sollte. – In der Person des schwerreichen Hans Nafzger glaubten die beiden ihr ideales Opfer gefunden zu haben. – Irene versuchte, wie wir andeutungsweise schon wissen, Hans schon bald nach der Hochzeit über eine Felswand hinunter zu Tode zu stürzen. Der Versuch misslang, wie wir ja wissen. Damit war eigentlich auch schon das Todesurteil für Irene durch Fässler, der keine Versager in seiner «Mannschaft» duldete, verhängt. – Als nun Nafzgers Freund Amsler als praktisch alleiniger Erbe im neu erstellten Testament bestimmt worden war, mussten sich Irene Nafzger

70

und Otto Fässler einen neuen Plan ausstudieren, um zu den Nafzgerschen Millionen zu kommen. Otto Fässler kam nun auf die Idee, mit den Drohbriefen, die mit der uns schon bekannten Occasionsschreibmaschine, welche von Irene auf dem Amslerschen Hofe versteckt wurde, geschrieben worden waren.

Otto Fässler musste eine ganz anormale Persönlichkeit gewesen sein, denn sein Tagebuch enthielt jedes Detail seiner verbrecherischen Tätigkeit, z. T. noch mit Fotos belegt. Er war also Satan in Person!

Das überseeische Detektivbüro für das – wie wir wissen geglückte Spiel mit der Doppelgängerrolle – wurde nur gewählt, weil Otto Fässler von Irene Nafzger wusste, dass ihr Ehemann ein Bewunderer der amerikanischen Detektive und Sicherheitsleute war.

Polizeidirektor Harzenmoser sträubten sich die Haare und es lief im eiskalt über den Rücken, als er beim Weiterlesen im Tagebuch zum wiederum mit mehreren Polaroidfotos belegten Mord an Franz Gysin kam. Gysin wurde – wie man hier lesen konnte – von Fässler, dem er das gewünschte Zyankali gebracht hatte, zu der falschen Aussage bezüglich des Zyankalikaufes von Irene Nafzger aufgestiftet. Am vermeintlichen «Zahltag» für seine falsche Aussage wurde er jedoch von Fässler auf brutalste Art ins Jenseits befördert.

Alles andere war nun eigentlich klar und eine logische Folge des einmal eingeschlagenen Weges. – Irene musste beseitigt werden, Amsler musste verleumderisch verdächtigt und als Komplize von Irene hingestellt werden. Fässler war natürlich derjenige, welcher die Sprengladung am Mähdrescher von Gottlieb Amsler angebracht hatte, nachdem er den treuen Wolfshund Cappi mit einer tödlichen Dosis eines Betäubungsmittels vergiftet hatte.

Harzenmoser staunte erst wieder, als er zu der Stelle im Tagebuch kam, wo Heinz Meier, alias Otto Fässler, die Aktienmehrheit der Nafzgerschen Industriewerke an diesen schwerreichen Ölscheich von Abu Dhabi verkauft hatte. Das Geld hatte Otto Fässler in bar von dem Nummernkonto in über 20 Aktenköfferchen abgefüllt abgehoben. Dann liess er diese Aktenköfferchen von Bankangestellten in der unterirdischen Garage der Bankfiliale in den Kofferraum seines Lincoln Continentals verladen. Daraufhin war er mit dem Lincoln zu einem kaum einsehbaren Parkplatz neben seinen schon vorher dort hingestellten weissen Mercedes gefahren. Zuerst hatte er die mit Banknoten randvoll gefüllten Aktenköfferchen fein säuberlich auf den Boden gestellt.

Dann hatte er die ganze Szene mit einer Foto festgehalten. Nachher hatte er aus dem Mercedeskofferraum vier Koffer mit je 20 kg Trinitrotoluol Sprengstoff in den Kofferraum des Lincoln umgeladen. Die zur Zündung an jedem Koffer vorgesehenen Stecker rasch mit einander verbunden und an das zur Auslösung der Sprengung vorgesehene Zündkästchen angeschlossen. – Bevor Otto Fässler den Kofferraum des prächtigen Ford Lincoln Continentals zum letzten Mal schloss, verkabelte er das Zündkästchen noch mit einer speziellen Aussenantenne, die zur Auslösung der minuziös vorbereiteten Sprengung per Funk vorgesehen war. Dies alles musste nur ein paar Minuten gedauert haben. Fässler hatte dann die Geldköfferchen in den Mercedes-Kofferraum geladen, sich daneben gestellt und mit Stativ und Selbstauslöser eine Polaroidfoto gemacht auf der sein vor hämischer Freude grinsendes Gesicht fürs Tagebuch festgehalten wurde. Dann war er zuerst mit dem Lincoln Continental ins nahe gelegene Hotel Mandarin gefahren und hatte den Wagen in der dortigen Tiefgarage parkiert.

Den weiteren Verlauf der Geschehnisse kennen wir schon. Er traf Marcel Huber aus Australien. Was wir und auch Harzenmoser nicht wussten war, dass Otto Fässler die Absicht hegte, sich künftig als Marcel Huber auszugeben. – Gleichzeitig wollte er Marcel Huber als Dr. Hans Nafzger, alias Otto Fässler, sterben lassen. Er hatte den Ort für die Sprengung des von Marcel Huber chauffierten Lincoln mit grosser Voraussicht gewählt. Einmal verlief die Südspur der Axenstrasse unmittelbar dem See entlang in etwa 150 m über dem Wasserspiegel des tiefen Urnersees. Dann verlief an dieser Stelle die Gegenfahrbahn, also die nach Norden führende Spur, in einem Tunnel. Denn Fässler hatte bei seinem Unternehmen so kalkuliert: Mit diesem Explosionsunglück ist der Fall Nafzger für die Polizei erledigt, denn die Bankangestellten würden sicher aussagen, dass Dr. Hans Nafzger, alias Otto Fässler, das Geld in Aktenköfferchen in den Lincoln geladen hätte. Trümmer mit etwelcher Aussagekraft würden kaum zu finden sein. Wenn nun nur Dr. Nafzger und nicht noch weitere Verkehrsteilnehmer umkamen, so würde das Interesse der Polizei bald erlöschen. – Die Explosionsursache allerdings würde immer ein schwacher Punkt bei der Abklärung dieses Falles bleiben. Aber als Meisterdetektiv wusste Otto Fässler mit an 100 Prozent grenzender Sicherheit, dass es einfach unmöglich war, eine Explosionsursache für den praktisch pulverisierten Lincoln herauszufinden. Mit der Zeit würde der Fall einfach als unlösbar ad acta gelegt werden. Er, Fässler, konnte dann als Marcel Huber ein unbeschwertes, sicheres Leben führen.

Und tatsächlich hatte Fässler, sobald er Marcel Huber im Mandarin verlassen hatte, seinen Mercedes aufgesucht, war zu einer grossen Bank hingefahren und hatte die riesige Geldsumme aus den über 20 Aktenköfferchen auf ein neu eröffnetes Konto für einen Marcel Huber, wohnhaft in Sydney, einbezahlt. Er hatte dazu sein Äusseres meisterhaft dem Aussehen von Marcel Huber angepasst und dessen Pass hatte er ja zusammen mit dem Flugbillett – zwecks angeblicher Bestätigung der Buchung des Rückfluges nach Australien an sich genommen, so dass er sich jederzeit als Marcel Huber legitimieren konnte.

Für Polizeidirektor Harzenmoser und seine Arbeitskollegen wie Kommissar Affolter, Paul Märki und Emil Klötzli war so ein Fall kaum zu glauben. Er überstieg die normalen Dimensionen aller ihnen bekannten Mordfälle. Die Polizei hatte hier unglaubliches Glück gehabt. Es bestätigte sich im Leben eben immer wieder, dass keine noch so ausgeklügelte Planung blindes Glück ersetzen kann. Eine Biene oder eine Wespe oder gar eine Hornisse hat hier den Scharfrichter gespielt, nach einem nicht zu verstehenden oder einfach zufälligen Gesetz. Harzenmoser dachte an die Einsteinworte: «Gott würfelt nicht!»